DIEU NI MAITRES

UNION FÉDÉRALE

DES

Sociétés de Libre-Pensée du Rhône

LIBRE-PENSÉE

Etienne DOLET
Il écrase l'antre de la superstition

Congrès de l'Est

RHÔNE, MEURTHE-ET-MOSELLE, HAUTE-MARNE,
VOSGES, HAUTE-SAÔNE, DOUBS, CÔTE-D'OR, SAÔNE-ET-LOIRE, JURA,
AIN, LOIRE, ARDÈCHE, DRÔME, ISÈRE,
SAVOIE, HAUTE-SAVOIE, HAUTES-ALPES, BASSES-ALPES,
TERRITOIRE DE BELFORT.

Tenu au PALAIS DES ARTS à LYON, les 3 et 4 Juin 1906

SOUS LA PRÉSIDENCE D'HONNEUR DU CITOYEN

Edouard HERRIOT, Maire de la Ville de Lyon

PRIX : 0 fr. 30

LYON. — ASSOCIATION TYPOGRAPHIQUE LYONNAISE, RUE DE LA BARRE, 12. — F. PLAN, DIRECTEUR.

UNION FÉDÉRALE

DES

Sociétés de Libre-Pensée du Rhône

LIBRE-PENSÉE

Etienne DOLET
Écrase l'antre de la superstition

Congrès de l'Est

RHÔNE, MEURTHE-ET-MOSELLE, HAUTE-MARNE,
VOSGES, HAUTE-SAÔNE, DOUBS, CÔTE-D'OR, SAÔNE-ET-LOIRE, JURA,
AIN, LOIRE, ARDÈCHE, DRÔME, ISÈRE,
SAVOIE, HAUTE-SAVOIE, HAUTES-ALPES, BASSES-ALPES,
TERRITOIRE DE BELFORT.

Tenu au PALAIS DES ARTS à LYON, les 3 et 4 Juin 1906

SOUS LA PRÉSIDENCE D'HONNEUR DU CITOYEN

Edouard HERRIOT, Maire de la Ville de Lyon

PRIX : 0 fr. 30

LYON. — ASSOCIATION TYPOGRAPHIQUE LYONNAISE, RUE DE LA BARRE, 12. — F. PLAN, DIRECTEUR.

AVERTISSEMENT

La Commission chargée d'élaborer le compte rendu du Congrès, envisageant sa tâche au double point de vue de l'équité et de la propagande,

Considérant qu'il est presque impossible pour des rapporteurs, si consciencieux soient-ils, de relater d'une manière absolument littérale chaque expression des divers orateurs entendus au cours de débats aussi longs et aussi mouvementés, ainsi que cela devrait être dans un compte rendu *in extenso* ;

Considérant, en outre, que le compte rendu *in extenso* eût formé un ouvrage considérable, fort coûteux d'impression, et par cela même difficilement utilisable pour la propagande ; pour ces motifs, a repoussé l'idée d'un compte rendu *in extenso* et s'est déterminée à faire, des travaux du Congrès, un résumé aussi clair que précis répondant aux trois préoccupations suivantes :

1° Par l'exposé de l'organisation du Congrès, fournir aux libres-penseurs de notre région le plus d'éléments et de renseignements qu'ils puissent utiliser pour l'organisation et la propagande de la libre-pensée dans l'Est ;

2° Par la position aussi nette que précise des questions, par l'énoncé succinct mais sincère des principaux arguments produits dans la discussion, par le rapport loyal des votes émis, porter à la connaissance de tous l'état exact des questions étudiées dans ce Congrès ;

3° Enfin, par la forme et le coût, faire, avant tout, de ce compte rendu une œuvre utilisable pour la propagande, accessible à tous.

La Commission.

ORGANISATION DU CONGRÈS

Dès le début de l'année 1906, l'Union fédérale des Sociétés de libre-pensée du Rhône, récemment formée par l'adhésion des groupes de libre-pensée des 1er, 2e 3e, 4e et 5e arrondissements de la ville de Lyon, Libre-pensée de Lyon, Libre-pensée de Villeurbanne, Libre-pensée beaujolaise, Groupes cantonaux de Vaugneray, Limonest et Neuville, projetait d'organiser, pour le mois de juin, à Lyon, un grand Congrès où seraient traitées toutes les questions d'actualité ayant trait à l'émancipation intellectuelle, morale et matérielle des travailleurs et où seraient jetées les bases d'une organisation rationnelle et définitive de la libre-pensée dans la région de l'Est.

Pour réaliser ce programme et donner l'exemple d'une véritable concentration des forces libres-penseuses, l'Union fédérale résolut de ne convier à ce Congrès que les organisations ayant uniquement la libre-pensée pour objet et pour but, et de n'admettre aucune adhésion individuelle. Courant mars, elle adressait aux quelques deux cents groupements libres-penseurs existant, mais animés d'une vie plus ou moins active, dans la région de l'Est : d'abord un énergique appel, puis peu après le règlement et enfin le programme du Congrès (voir plus loin ces pièces *in extenso*). Devant le nombre des adhésions, qui ne tardèrent pas à lui parvenir, l'Union fédérale jugea à propos de donner au Congrès un surcroît de publicité dont pussent profiter, pour leur propre propagande, toutes les sociétés de libre-pensée de la région ; à cet effet, elle fit tenir gratuitement à chacune d'elles, adhérente ou non au Congrès, un ou plusieurs exemplaires d'une grande affiche dûment timbrée pour l'affichage où étaient relatés l'appel, le règlement et le programme du Congrès. Ainsi, n'a pu passer inaperçue des populations, même indifférentes ou hostiles, cette manifestation destinée, dans l'esprit de ses auteurs, à faire prévaloir, pour le bonheur de tous, toujours plus de justice, plus de raison, plus de liberté.

Entre temps, l'Union fédérale ornait les cartes d'identité des congressistes d'une vignette où Etienne Dolet, faisant crouler, sous sa main puissante, les murs de la basilique de Fourvière, symbolise l'affranchissement de l'esprit humain par le triomphe de la raison sur la foi, de la vérité sur le mensonge, de la liberté sur l'opression. De cette vignette ont été décorées aussi des cartes postales destinées à la propagande.

Pour la publicité du Congrès, l'Union fédérale dut faire appel à la presse libre-penseuse républicaine et socialiste de toute la région de l'Est, de Paris et de Lyon. Jamais concours si complet et si désintéressé ne fut plus gracieusement donné ; aussi nos remerciements vont ils à tous sans exception, mais plus particulièrement au *Lyon Républicain*, au *Progrès de Lyon* et à l'agence Havas qui n'ont cessé, tant pendant la période d'organisation qu'au cours des séances du Congrès, de s'intéresser à nos travaux.

Il est un autre concours sans lequel l'Union fédérale eût hésité à entreprendre une aussi lourde tâche, mais qui, dès la première heure, lui fut accordé avec cette fraternelle bienveillance qui en double le prix : celui de la Municipalité lyonnaise et du Maire de la ville de Lyon.

En acceptant la présidence d'honneur, ce dernier n'a pas peu contribué à donner au Congrès sa haute portée intellectuelle et sociale et nous ne saurions trop le remercier. Quant à la Municipalité lyonnaise, dont nous vîmes plusieurs membres représenter au Congrès leurs respectives organisations libre-penseuses, c'est avec une spontanéité qui est bien la marque d'esprits loyaux et convaincus qu'elle fit droit à toutes nos demandes : en nous allouant une subvention, en mettant à notre disposition les vastes amphithéâtres du Palais des Arts, enfin en recevant officiellement les congressistes dans ce vieil Hôtel de Ville, admirable monument de liberté, dont les murs ont si souvent tressailli aux acclamations de nos pères luttant pour leur indépendance.

Aussi pouvons-nous enregistrer, en terminant, le plein succès de ce Congrès pour lequel l'Union fédérale reçut, des Sociétés de libre-pensée de toute la région de l'Est, *soixante-cinq* adhésions effectives et *huit* adhésions morales dont la liste est donnée plus loin.

LE COMITÉ.

UNION FÉDÉRALE DES SOCIÉTÉS DE LIBRE-PENSÉE DU RHONE
NI DIEU, NI MAITRES !

Appel aux Sociétés de Libre-Pensée
DE LA RÉGION DE L'EST

CAMARADES,

L'heure est grave ! Voyez l'énergie sauvage que déploient, en France et dans le monde entier, les fanatiques de toutes les superstitions, les partisans de toutes les réactions pour défendre ce qu'ils disent être leurs droits, ce que nous appelons, nous, leurs privilèges. De notre côté, resterons-nous inactifs ? Ce serait trahir notre devoir. Serrons nos rangs et sentons-nous les coudes. Multiplions les manifestations au cours desquelles pourront encore se resserrer plus étroitement les liens de la confiance et de l'amitié qui doivent unir des hommes libres voués à la conquête d'un même idéal. Remuons des idées, étudions en commun ces graves et complexes questions de la solution desquelles dépend la libération intellectuelle, morale et matérielle de l'humanité. Agitons l'opinion publique, faisons appel à la raison et à l'esprit de justice de ce peuple que, si longtemps, les classes dirigeantes de tous les pays ont eu soin de tenir dans l'ignorance et la superstition pour le mieux exploiter. Enfin, élevons bien haut le flambeau de la raison et le drapeau rouge des revendications sociales !

Camarades,

C'est à cette tâche que nous vous convions, c'est pour la réaliser que nous faisons appel à votre concours. Envoyez-nous votre adhésion au Congrès que nous organisons pour les 3 et 4 juin prochain, à Lyon, et travaillez, chacun dans votre milieu, à la réussite de cette manifestation que nous voulons aussi imposante, que féconde et fraternelle.

VIVE LA PENSÉE LIBRE !

LA COMMISSION : A. Chipier, Ph. Clausse,
Treuillot, Remlinger, Vaganay.

CONGRÈS DE L'EST

3 et 4 Juin 1906, à Lyon

SOUS LA PRÉSIDENCE D'HONNEUR DU CITOYEN

HERRIOT, Maire de la Ville de Lyon

RÈGLEMENT

ARTICLE PREMIER. — Ne sont admis au Congrès que les groupements purement libres-penseurs régulièrement constitués dans les départements du Rhône, Meurthe-et-Moselle, Haute-Marne, Vosges, Haute-Saône, Doubs, Côte-d'Or, Saône-et-Loire, Jura, Ain, Loire, Ardèche, Drôme, Isère, Savoie, Haute-Savoie, Hautes-Alpes, Basses-Alpes, et territoire de Belfort.

ART. 2. — Le droit d'admission est fixé à 3 francs pour chaque groupement adhérent au Congrès.

ART. 3. — Chaque groupement adhérent devra être représenté au Congrès par un délégué au moins et trois délégués au plus, régulièrement mandatés.

ART. 4. — Le vote par organisation sera obligatoire chaque fois qu'il sera demandé par trois délégués au moins.

ART. 5. — Chaque organisation aura droit à trois voix, qu'elle soit représentée par un, deux ou trois délégués.

Programme initial

PREMIÈRE QUESTION. — La loi de la séparation des Églises et de l'État en ce qui concerne son application et ses conséquences.

2ᵉ QUESTION. — Des relations de la libre-pensée avec l'organisation capitaliste en ce qui concerne l'émancipation matérielle des travailleurs.

3ᵉ QUESTION. — La libre-pensée et le pacifisme.

AUTRES QUESTIONS. — Celles qui, étant proposées par les organisations adhérentes, seront soumises à l'ordre du jour du Congrès.

ADHÉSIONS EFFECTIVES AU CONGRÈS

(Par ordre chronologique d'inscription)

Rhône : Lyon. — Union fédérale des Sociétés de Libre-pensée du Rhône. Délégués : Treuillot, Mercet, Ruinet.

Rhône : Vaugneray. — Libre pensée du canton de Vaugneray. Délégués : Vaganay, Genin, Delorme.

Loire : Saint-Chamond. — Libre-pensée de Saint-Chamond. Délégué : Mathevet fils.

Rhône : Lyon. — Libre-pensée du 2ᵉ arrondissement. Délégués : Saugeon, Remlinger, Arnaud.

Rhône : Lyon. — Libre-pensée du 3ᵉ arrondissement. Délégués : Raffin, Cusset, Nachury.

Rhône : Lyon. — Libre-pensée de Lyon (groupe de l'Athéisme). Délégués : Ph. Clausse, Hugnon, Batho.

Rhône : Lyon. — Libre-pensée du 5ᵉ arrondissement. Délégués : Genin, Mellet, Guillet.

Rhône : Villeurbanne. — Libre-pensée de Villeurbanne. Délégués : Bergereau, Desjardin, Pocheron.

Rhône : Lyon. — Libre-pensée du 1ᵉʳ arrondissement. Délégués : Foray, Carrusso, citoyenne Carrusso.

Ardèche : Vals-les-Bains. — Libre-pensée de Vals-les-Bains. Délégués : Argout, Audigier, Suchon.

Drôme : Saint-Donat. — La Raison Donatienne. Délégué : Laurent.

Isère : Voiron. — Libre-pensée du canton de Voiron. Délégués : Girier, Michalon, Baudet.

Rhône : Limonest. — Libre-pensée du canton de Limonest. Délégués : Porte, Mercier, Courtois.

Basses-Alpes : Sisteron. — Fédération autonome de la libre-pensée bas-alpine. Délégués : Petit, Léotard.

Meurthe-et-Moselle : Nancy. — Libre-pensée de Nancy. Délégué : Couriaux.

Drôme : Crest. — Libre-pensée crestoise. Délégués : Meysonnasse, Cordeil, Ferlin.

Ain : Villars. — Les Enfants de la Dombe. Délégués : Taillandier, Rafanel, Bernain.

Isère : Meyzieu. — Libre-pensée de Meyzieu. Délégués : Martin. Chevalier, Gracia.

Rhône : Lyon. — Libre-pensée du 4e arrondissement. Délégués : Berthaud, Revol, Merlin.

Ain : La Valbonne. — Libre-pensée de la Valbonne. Délégués : Bourchet, Hyvernat, Dutei.

Isère : Roussillon. — Libre-pensée du canton de Roussillon. Délégués : Romatif, Ollagnou, Seyve.

Rhône : Grigny. — Libre-pensée de Grigny. Délégués : Guillot, Diaskot, citoyenne Bajavon.

Isère : Grenoble. — La Raison. Délégués : Rebattu, Michallet.

Rhône : Lyon. — Libre-pensée du 6e arrondissement. Délégués : Berthet, Collomb, citoyenne Boust.

Haute-Marne : Chalindrey. — La Lumière. Délégués : Roret, Morel, citoyenne Morel.

Rhône : Villié-Morgon. — Libre-pensée beaujolaise. Délégués : Fayard, Ferrat, Lanéry.

Isère : Oz. — Association des libres-penseurs de l'Oisans. Délégués : Genevois (Claude et Aristide), Noyret.

Isère : Saint-Marcellin. — Libre-pensée de Saint-Marcellin. Délégués : Beau, Faujas, Glénat.

Ain : Hauteville. — Libre-pensée d'Hauteville. Délégués : Meyret, Romain, Bellot.

Isère : Feyzin. Libre-pensée de Feyzin. Délégués : Eyssartin, Vache, Lambert.

Loire : Bourg-Argental. — Les Affranchis. Délégués : Regard, Guilloux, Chabert.

Drôme : Valence. — Libre-pensée socialiste. Délégués : Léopold. Junillou, Perdrix.

Loire ; Roanne. — Libre-pensée de Roanne. Délégués : Magnin, Serre, citoyenne Veluire.

Rhône : Neuville. — Libre-pensée du canton de Neuville. Délégué : Crochat.

Ain : Chalamont. — Libre-pensée de Chalamont. Délégué : Cochet.

Saône et-Loire : Sennecey-le-Grand. — Libre-pensée du canton de Sennecey-le-Grand. Délégués : Jeandet, Lafarge, Laurent Chat.

Isère : Les Avenières. — Libre-pensée des Avenières. Délégué : Mallen.

Jura : Arbois. — Libre-pensée d'Arbois. Délégués : Comparet, Grattard, Trabac.

Isère : Bourgoin. — Émancipation et Progrès. Délégués : Claret, Dupont, Grenier.

Isère : Saint-Symphorien-d'Ozon. — Libre-pensée du canton de Saint-Symphorien-d'Ozon. Délégués : Dussert, Gaillard.

Savoie : Chambéry. — Libre-pensée de Chambéry. Délégué : Carret.

Savoie : Pont-de-Beauvoisin. — Libre-pensée du Pont-de-Beauvoisin. Délégués : Marion, Polaud, Trillat.

Rhône : L'Arbresle. — Libre-pensée de L'Arbresle. Délégués : Genty, Pigé, Malfroy.

Loire : Grand'Croix. — L'Aurore Humanitaire. Délégués : Livet, Allannercery.

Rhône : Cours. — Libre-pensée de Cours. Délégué : Masset.

Ain : Ceyzerieu. — Libre-pensée de Ceyzerieu. Délégué : Marjollet dit Marcellin.

Ardèche : La Voulte. — Libre-pensée de La Voulte. Délégués : Berne, Ponson, Bouvier.

Côte-d'Or : Dijon. — L'Humanité. Délégué : Cessin.

Ain : Tenay. — Libre-pensée de Tenay. Délégué : Guggia.

Rhône : Givors. — Libre-pensée de Givors. Délégués : Charbonneriat, Monnot, Pasquier.

Drôme : Puy-Saint-Martin. — L'Aurore. Délégués : Benoît, Pupat, Chambaud.

Jura : Saint-Claude. — Libre-pensée de Saint-Claude. Délégué : Lançon.

Haute-Savoie : Douvaine. Libre-pensée de Douvaine. Délégué : Citoyenne Chipier (Antoine).

Côte-d'Or : Dijon. — Libre-pensée de Dijon. Délégué : Geissler.

Ardèche : Annonay. — Libre-pensée d'Annonay. Délégués : Girard, Péalopie.

Ain : Belley. — Libre-pensée de Belley. Délégué : Billemont.

Loire : Saint-Étienne. — Fédération de la Libre-Pensée. Délégués : Aigueperse, Meurgey.

Isère : Crémieu. — Humanité et Progrès. Délégués : Marcoz, Berthet, Aurelle.

Isère : Grenoble. — Libre-pensée de Grenoble. Délégués : Guillet, Roche.

Isère : Vienne. — Libre-pensée de Vienne. Délégué : Lambert.

Drôme : Montélimar. — Raison Montilienne. Délégués : Pignet, Chuvin.

Meurthe-et-Moselle : Lunéville. — Libre-pensée de Lunéville. Délégué : Georgin.

Rhône : Sain-Bel. — Libre-pensée de Sain-Bel. Délégués : Poizat, Saint-André.

Saône-et-Loire : Tournus. — Libre-pensée de Tournus. Délégués : Guillet, Tamisson.

Jura : Lons-le-Saunier. — Libre-pensée de Lons-le-Saunier. Délégué : Herbé.

Adhésions morales au Congrès

Rhône : Le Bois-d'Oingt. — Libre-pensée du canton du Bois-d'Oingt.

Ain : Bourg. — Groupe Edgard-Quinet.

Isère : Vienne. — Fédération de l'arrondissement de Vienne.

Haute-Marne : Bourbonne. — La Raison.

Jura : Champagnole. — Libre-pensée du canton de Champagnole.

Saône-et-Loire : Le Creusot. — Union des libres-penseurs.

Ardèche : Ajoux. — L'Aurore.

Hautes-Alpes : Revert-des-Brousses. — Libre-pensée de Revert-des-Brousses.

LIBRE-PENSÉE

Congrès de l'Est : 3 et 4 Juin 1906, à Lyon, organisé par l'Union des Sociétés de Libre-Pensée du Rhône, sous la présidence d'honneur du citoyen HERRIOT, maire de Lyon.

PROGRAMME DÉFINITIF

Motion préalable présentée par la Société de libre-pensée de Givors (Rhône) :

« Que soient exclus du Congrès tous les groupes et tous les délégués qui ne prendront pas ici l'engagement solennel de rompre avec toutes les religions ou avec toutes les associations; franc-maçonniques et rituelles, et de ne commettre eux-mêmes ou de ne laisser commettre par leurs conjoints ou descendants, directs, mineurs, aucun acte religieux. »

Première Commission

La loi de la séparation des Églises et de l'État en ce qui concerne son application et ses conséquences, présentée par l'Union fédérale des Sociétés de libre-pensée du Rhône.

Communion et baptème à la majorité, présentée par la Libre-pensée du premier arrondissement de Lyon.

Laïcisation des hôpitaux, présentée par la même.

Suppression des pensions, indemnités ou allocations aux ministres des cultes reconnus validés, présentée par la Libre-pensée du cinquième arrondissement de Lyon.

Émancipation de la femme. Moyens de la soustraire à l'influence du prêtre, présentée par la Libre-pensée de Sennecey-le-Grand.

Suppression de toute indemnité ou allocation aux curés et desservants des communes où la loi de séparation aura été défavorablement commentée en chaire ou aura rencontré des difficultés dans son application, présentée par la Libre-pensée du Pont-de-Beauvoisin.

Même proposition, présentée par la Libre-pensée du canton de Neuville.

Interdiction du port de la soutane en dehors des exercices du culte, présentée par la Libre-pensée du canton de Limonest.

Même proposition, présentée par la Libre-pensée de Nancy.

De l'indépendance morale des soldats dans les hôpitaux et du caractère religieux des obsèques imposé à ceux qui n'ont pu demander spécialement des obsèques civiles, présentée par la Libre-pensée du quatrième arrondissement de Lyon.

Reprise du contre-projet Allard, présentée par la Libre-pensée du cinquième arrondissement de Lyon.

Deuxième Commission

Des relations de la libre-pensée avec l'organisation capitaliste en ce qui concerne l'émancipation matérielle des travailleurs, présentée par l'Union fédérale des Sociétés de libre-pensée du Rhône.

Nul ne peut être libre-penseur sans être partisan de la lutte de classes, présentée par l'Humanité de Dijon.

Attitude de certains fonctionnaires à l'égard de nos groupes et des lois du pays, présentée par les Enfants de la Dombe, à Villars.

Protection efficace des fonctionnaires républicains et libres-penseurs, présentée par la Libre-pensée du Pont-de-Beauvoisin.

Monopole de l'enseignement, présentée par la Libre-pensée d'Arbois.

Même proposition, présentée par la Libre-pensée du canton de Neuville.

Réforme complète de l'enseignement. Enseignement laïque intégral. Suppression complète de l'enseignement congréganiste, présentée par la Libre-pensée de Nancy.

Réalisation de l'égalité de tous les enfants devant l'instruction par l'enseignement communiste intégral, présentée par la Libre-pensée de La Voulte.

Organisation de la propagande de la libre-pensée, présentée par la Libre-pensée de Chambéry.

Obligation pour les parlementaires adhérents aux organisations de libre-pensée de donner chacun deux ou trois conférences de propagande chaque année, présentée par la Libre-pensée de La Voulte.

Création d'une Fédération de sociétés de libre-pensée dans chaque département, présentée par la Libre-pensée de Grand-Croix.

Des droits réciproques d'une fédération et des groupes y adhérant, présentée par la Libre-pensée du sixième arrondissement de Lyon.

Organisation, dans toutes les sections de libre-pensée, d'une pépinière de pupilles, présentée par l'Humanité de Dijon.

Tout adhérent à une société de libre-pensée devra ne pratiquer aucune religion sous peine d'exclusion immédiate. Aussi tout adhérent nanti d'un mandat électif qui tolèrerait des manifestations religieuses sera exclu de droit, présentée par l'Humanité de Dijon.

Troisième Commission

La libre-pensée et le pacifisme, présentée par l'Union fédérale des Sociétés de libre-pensée du Rhône.

Le pacifisme, présentée par la Libre-pensée du premier arrondissement de Lyon.

Quelle doit être l'attitude d'un libre-penseur en temps de guerre, présentée par la Libre-pensée de Lyon.

Accentuation des efforts de la libre-pensée vers le pacifisme, présentée par la Libre-pensée du Pont-de-Beauvoisin.

Suppression des conseils de guerre dès la rentrée des Chambres, présentée par la Libre-pensée de Vals.

Même proposition, présentée par la Libre-pensée de Villeurbanne.

Commission des Vœux

Vœu tendant à ce qu'aucun enfant ne soit baptisé sans l'autorisation écrite du père, présenté par la Libre-pensée du cinquième arrondissement de Lyon.

Les prêtres ne pourront procéder au baptême d'un nouveau-né que sur la présentation du consentement écrit du père et de la mère, présenté par la Libre-pensée de Villeurbanne.

Suppression de l'éducation religieuse obligatoire pour les enfants assistés, présenté par la Libre-pensée du quatrième arrondissement de Lyon.

De la pression confessionnelle dans les hôpitaux, présenté par la même.

Abus commis dans les hospices, présenté par la Libre-pensée du deuxième arrondissement de Lyon.

Révision de la loi du 15 novembre 1887 visant les testaments civils, présenté par la Libre-pensée du cinquième arrondissement de Lyon.

Tous les enterrements civils. Seuls seront enterrés religieusement ceux qui en auront exprimé la volonté formelle par un testament, présenté par la Libre-pensée de Villeurbanne.

Suppression de l'inamovibilité de la magistrature, présenté par la même.

Révision de la formule du serment judiciaire, présenté par la Libre-pensée du cinquième arrondissement de Lyon.

Instaurer des fêtes civiques sous le patronage des fédérations (projet préconisé par le citoyen Allard dans son projet de séparation), présenté par la Libre-pensée du deuxième arrondissement de Lyon.

Vœu tendant à ce que les Congrès nationaux de libre-pensée se tiennent, à tour de rôle, dans chaque ville de France et qu'il n'y soit admis que les délégués des Sociétés de libre-pensée régulièrement constituées, présenté par la Libre-pensée du troisième arrondissement de Lyon.

Motion finale

Fixation de la ville où se tiendra le prochain Congrès régional.

CONGRÈS — PREMIÈRE SÉANCE

3 Juin (matin)

Le dimanche 3 juin, à 9 heures du matin, près de 200 délégués s'étaient donnés rendez-vous dans le grand amphithéâtre du Palais des Arts à Lyon. La séance est ouverte par le citoyen Vaganay, serétaire de la Commission d'organisation du Congrès qui prononce l'allocution suivante :

Allocution du citoyen Vaganay

Camarades,

« Au nom de l'Union fédérale des Sociétés de libre-pensée du Rhône, organisatrice de ce Congrès, j'ai le plaisir de vous souhaiter ici la bienvenue. Nous vous remercions d'avoir répondu aussi nombreux à notre appel, et nous vous prions de vouloir bien chacun reporter à vos groupements respectifs l'expression de nos sentiments d'estime et de fraternelle sympathie. Soixante-cinq Sociétés, purement de libre-pensée, ont adhéré d'une manière effective à ce Congrès, où elles sont représentées chacune par un ou plusieurs de ses membres ; nombreuses sont aussi les adhésions morales que nous avons reçues d'organisations que, soit une situation particulière, soit leur éloignement, ont mis dans l'impossibilité d'envoyer ici des délégués.

En organisant ce Congrès, l'Union fédérale s'est proposée un double but : d'abord de soumettre à l'examen d'esprits éclairés et impartiaux, comme les vôtres, les questions qui passionnent le plus, actuellement, l'opinion publique, et aussi par la publicité donnée à cette manifestation, par ses appels et par ses affiches, d'imprimer un vigoureux essor à la propagande libre-penseuse, ainsi qu'à la création de nouvelles sociétés dans toute la région. Ce double résultat nous l'avons atteint grâce à vous, et aujour-jourd'hui nous allons couronner nos efforts par l'étude en commun de ces questions si graves et si complexes de la solution desquelles dépendent l'émancipation intellectuelle et morale de l'humanité, ainsi que le bien-être des travailleurs.

A l'œuvre donc, camarades, pour le progrès, pour la liberté par la raison ! »

L'Assemblée nomme aussitôt son Bureau.

Sont élus : président, le citoyen Cusset, conseiller municipal de Lyon, qui, en excellents termes, remercie de l'honneur qui lui est fait; secrétaires, les citoyens Poizat, Remlinger, Chipier Antoine, les citoyennes Carrusso et Boust.

Il est procédé à la vérification des pouvoirs et à l'appel nominal des délégués qui sont répartis selon leurs convenances personnelles dans les diverses commissions. Soixante-cinq Sociétés sont représentées.

Le Président, faisant remarquer que l'Assemblée est toujours maitresse de son ordre du jour, demande si le Congrès veut discuter de suite la motion préalable présentée par le groupe de Givors, ou s'il entend d'abord se réunir dans ses Commissions.

Le citoyen Charbonnériat, délégué de Givors, insiste pour la discussion immédiate, la motion d'ordre présentée par son groupe tendant à exclure du Congrès toute une catégorie de délégués qu'il ne considère pas comme de véritables libres-penseurs.

Est renvoyée à la Commission des vœux une proposition du *citoyen Aigueperse, délégué de Saint-Étienne*, invitant le Congrès de Lyon à poursuivre sans défaillance son but, qui doit être de resserrer encore davantage l'union entre toutes les Sociétés de libre-pensée.

A l'unanimité est décidée la discussion immédiate de la motion d'ordre de Givors.

Le citoyen Charbonnériat donne, en la commentant, lecture de celle-ci :

Motion préjudicielle du Groupe de Givors

Camarades,

Fondé, en 1901, le groupe de Givors s'est imposé des statuts dont deux articles doivent fixer votre attention :

Article 5. — Tout adhérent s'engage formellement à rompre avec toutes les religions, quelles qu'elles soient.

Art. 6. — Tout membre du groupe qui commettra un acte religieux duquel il devient responsable personnellement, tel que : baptême, mariage, communion, ainsi que l'exercice religieux pratiqué par la femme, sera radié du groupe et perdra tous ses droits envers celui-ci.

Ces deux articles démontrent péremptoirement l'esprit qui doit guider dans sa propagande tout libre-penseur convaincu :

Ce n'est pas, en effet, par l'éloquence souvent mal appréciée ou par l'élévation littéraire généralement incomprise, que se dessilleront les yeux indifférents de la masse ignorante, ou que se vaincra, au point de vue des traditions religieuses, sa force d'inertie ; mais bien par l'intime et incessante action de chaque jour, commentée, notoire, publique, en un mot par l'exemple.

Ils ne sont pas libres-penseurs les tribuns politiques, si géniaux soient-ils, qui envoient leur fils au cathéchisme et leurs filles à la messe, les parlementaires blocards qui autorisent les processions dans les communes dont ils sont maires, faux militants dont femmes et enfants prient dans l'ombre et se confessent !

Ennemis de tous les rites, de toutes les abdications de conscience et de toutes les entraves au libre arbitre, nous réprouvons sans merci la propagande des Loges, car le franc-maçon pratique un culte, obéit à des ordres et se dépossède de sa volonté ; c'est un asservi. Il n'appartenait qu'aux Loges d'oser soutenir cette affirmation de dément, que : La liberté individuelle grandit lorsque la contrainte devient collective (!!!)

L'union n'est pas la force quand elle n'est que de commande, de parade ou de réclame, et l'agglomération d'unités serviles est un ensemble capable de toutes les défections. Une poignée d'isolés indépendants et déterminés sapera les dogmes ; un effectif hésitant et timoré finira par les imposer.

C'est à cette dernière issue que nous aboutirons fatalement.

Le groupe de Givors n'en veut pour exemple que les décisions, les votes et les vœux du Congrès de Rome 1904.

C'est, en effet, à ce Congrès international que le scrutin sur la résolution Sergi en faveur de la suppression de l'enseignement religieux a eu lieu par nationalité !

C'est encore à ce Congrès international que le professeur allemand Hæckel fait voter un ordre du jour de félicitations au citoyen français Combes, alors que ses compatriotes et lui-même ont voté contre la motion Sergi !

C'est enfin à ce Congrès qu'il fut publiquement regretté que les femmes ne puissent faire partie de la franc-maçonnerie (il est, paraît-il, nécessaire d'adjoindre à la pratique d'une religion trinitaire, chez la femme, la reconnaissance officielle d'un dogme triponctué !).

Ces pasquinades ont, dès longtemps, écœuré le groupe de Givo... camarades.

Un Congrès international de libre-pensée n'est pas un tréteau !

Nous devons donc délibérément rejeter de notre sein les adhérents dont les actes religieux semblent un défi, et je vous propose, en conséquence, au nom de mon groupe, de vouloir bien adopter la motion suivante :

« Les libres-penseurs réunis au Congrès de Lyon,

« Considérant que tout citoyen ardemment désireux de la « séparation des Églises et des États doit commencer par effec-« tuer cette séparation chez lui ;

« Considérant que les décisions d'un Congrès de libre-pensée « soucieux de sa dignité ne peuvent, en aucun cas, revêtir le « caractère de concessions faites à des personnalités qui, dans « leur vie privée, pactisent avec le prêtre, *cette plaie de la* « *société moderne, ce ferment de discorde entre le mari et la* « *femme, entre le père et la fille.* (Michelet).

« Considérant que les libres-penseurs dignes de ce nom ne « doivent pas se faire les instruments complaisants des manœu-« vres intéressées ou des ambitions de quelque groupe que ce « soit ;

« Considérant que les travaux du groupe ne sauraient être « féconds qu'autant que la discussion étayée sur les lois impres-« criptibles de la science, restera sur le terrain purement philo-« sophique et essentiellement métaphysique ; que par suite n'y « peuvent rationnellement prendre part des adhérents dont les « pratiques sont la négation d'une mentalité libre n'admettant « que les vérités mathématiquement démontrées ;

« Décident :

« *L'exclusion du Congrès de tous les groupes et de tous les* « *délégués qui ne prendront pas ici l'engagement solennel de* « *rompre avec toutes les religions ou avec toutes les associations* « *franc-maçonniques et rituelles, et de ne commettre eux-mêmes* « *ou de ne laisser commettre par leurs conjoints ou descendants* « *directs mineurs, aucun acte religieux.*

Discussion

Le citoyen Regard, de Bourg-Argental. — J'appartiens depuis trente ans à la franc-maçonnerie et je ne voudrais pas qu'il se crée ici, à cause d'elle, des divisions entre libres-penseurs. Je ne sais sous l'empire de quelle aberration le groupe de Givors a forgé la conception qu'il a des loges maçonniques. Je n'ai jamais, quant à moi, considéré la franc-maçonnerie comme une religion ; j'ai eu six enfants, ils n'ont pas été habitués aux momeries de l'Église. Je considère la franc-maçonnerie comme la fille aînée de la libre-pensée.

Le citoyen Nachury, de Lyon (3e arrondissement). — Je respecte toutes les idées ; nous sommes des libres-penseurs, nous devons donc respecter la liberté de chacun. Estimons-nous heureux que les camarades francs-maçons viennent à la libre-pensée; les exclure est une besogne que je ne ferai pas.

Le citoyen Revol, de Lyon (4e arrondissement). — Au nom de la liberté, je ne crois pas qu'on puisse exclure de nos groupes les francs-maçons; mais je demande que les loges maçonniques ne soient pas admises à nos Congrès de libre-pensée.

Le citoyen Cusset, président. — Mais il n'y a pas de loges représentées ici.

Le citoyen Treuillot, de Lyon (Union fédérale). — Au Congrès international de Paris, l'an dernier, j'ai fait la proposition, ratifiée par mon groupe, de n'admettre aux Congrès de libre-pensée que des délégués régulièrement mandatés par des Sociétés exclusivement de libre-pensée ; mais nous ne demandons pas que certains de ces derniers soient refusés parce que francs-maçons. Je combats donc la motion de Givors qui n'a pas sa raison d'être dans un Congrès comme celui-ci, où tous les délégués représentant des organisations de libre-pensée doivent être considérés comme des libres-penseurs.

Le citoyen Michalon, de Voiron. — Je suis franc-maçon, et c'est au sein de ma loge que j'ai fait mon éducation de libre-penseur. A Voiron, ce sont les francs-maçons qui ont gagné à la libre-pensée la place qu'elle occupe en défendant toujours les principes de liberté et de justice.

Le citoyen Carret, de Chambéry. — Je voudrais que l'assemblée ne se fit pas d'illusions sur la gravité de la question : c'est un schisme que l'on veut imposer. Si cette motion était votée, la libre-pensée serait diminuée de moitié, car dans chacun des groupes, dans notre pays comme dans le monde entier, il y aurait des francs-maçons à exclure. Je demande le rejet de cette motion.

Le citoyen Guilloux, de Bourg-Argental. — Je m'associe à cette demande. J'appartiens moi aussi à la franc-maçonnerie et j'ai le devoir de dire que sans cette dernière le groupe de libre-pensée qui m'a délégué ici n'existerait pas.

Le citoyen Reballu, de Grenoble (la Raison). — Il y avait à Grenoble un évêque bien connu du nom de Fava, il y voyait tellement dans les francs-maçons les pires adversaires de l'Eglise qu'en ses nombreux mandements il ne manquait jamais de leur lancer l'anathème. Il en est mort, le pauvre homme ; mais il serait bien heureux s'il pouvait voir une pareille motion votée par nous.

Le citoyen Charbonnérial. — Je voudrais m'expliquer. Nous sommes convaincus que parmi les francs-maçons il y a des libres-penseurs ; mais à côté de ceux-ci il y a la franc-maçonnerie commerçante qui se plie à toutes les palinodies. Il ne faut pas que l'on puisse nous accuser de faire le jeu de la réaction en nous confondant avec cette maçonnerie. Parmi nous, personne n'a d'autre religion à se reprocher, et nous sommes persuadés de faire œuvre utile et saine en défendant notre motion.

Le citoyen Pasquéro, de Givors. — Nous n'ignorons pas le rôle utile joué par la franc-maçonnerie à ses débuts, mais nous estimons qu'aujourd'hui elle n'a plus sa raison d'être.

Le citoyen Guillet, de Lyon (5e arrondissement). — Je ne crois pas que les ouvriers qui ont travaillé avec la maçonnerie depuis trente ans, pour leur émancipation, puissent voter l'exclusion des francs-maçons de nos Sociétés. Je propose le renvoi de la motion à la Commission des vœux.

Le citoyen Foray, de Lyon (1er arrondissement) demande la clôture de la discussion. Celle-ci mise aux voix est adoptée à une forte majorité.

Le citoyen Ant. Chipier, délégué de Douvaine. — Pour clore cette discussion, je propose à l'assemblée d'adopter les conclusions de la motion présentées par le groupe de Givors en supprimant ce membre de phrase : « Avec toutes les associations franc-maçoniques et rituelles. »

Ce n'est point que j'aie l'intention de me faire en cette circonstance le défenseur de la franc-maçonnerie, mais je dis que logiquement nous ne pouvons pas éliminer de ce Congrès des citoyens qui sont dûment mandatés par des groupes de libre-pensée régulièrement constitués. Et si, au point de vue collectif, les délégués francs-maçons ne peuvent se réclamer de la libre-pensée, étant donné la divergence de l'état d'esprit et des idées des membres qui composent les loges, ils n'en peuvent pas moins, à mon avis, être au point de vue individuel aussi foncièrement libre-penseurs que nous-mêmes et avoir le droit de représenter un groupe de libre-pensée.

C'est pour ces raisons que je propose la division de la motion.

Le citoyen Charbonnériat accepte la division, mais réclame le vote par appel nominal pour la deuxième partie.

Les conclusions du groupe de Givors sont adoptées à l'unanimité jusqu'à ces mots exclus « avec toutes les associations franc-maçonniques et rituelles ». Ce dernier membre de phrase est repoussé à l'unanimité moins huit voix.

On passe à la discussion du troisième paragraphe ainsi conçu : « De ne commettre eux-mêmes (les délégués) ou de ne laisser commettre par leurs conjoints ou descendants directs mineurs, aucun acte religieux. »

Plusieurs délégués demandent la suppression du mot « conjoint », estimant qu'un libre-penseur ne peut s'opposer aux droits de son conjoint.

Le citoyen Charbonnériat. — Vous devez donner l'exemple et vous avez la responsabilité de votre femme et de vos enfants.

Le citoyen Nachury. — Je constate à regret que la très grande majorité des ouvriers se servent encore du prêtre, et cependant l'homme marié a le devoir de prouver à sa femme la fausseté des principes religieux.

Le citoyen Matherel, de Saint-Chamond. — Un libre-penseur a-t-il le droit d'imposer, par la force peut-être, sa volonté à sa femme ? Je réponds non.

S'il se trouve en face d'une femme aussi tenace que lui-même dans ses idées, que fera-t-il ?

La citoyenne Boust, de Lyon (6ᵐᵉ arrondissement). — Je crois que pour le moment nous sommes obligés d'accepter les maris qui ont des femmes religieuses, car, s'il est à remarquer qu'il se fait assez d'enterrements civils, on voit très peu de mariages purement civils. Le jeune homme devrait commencer par se marier civilement.

Le citoyen X..., délégué de Saône-et-Loire. — La citoyenne Boust oublie qu'il y a la question d'argent. Je connais, dans ma région, des propriétaires qui, pour assurer une situation à leurs enfants, consentent, quoique libres-penseurs, à se marier religieusement.

Le citoyen Aigueperse. — Je croyais l'esclavage aboli. Je constate qu'on veut le rétablir en plaçant l'un des conjoints sous l'autorité absolue de l'autre. Nous devons nous inspirer, dans tous nos actes, de notre devise : « Ni Dieu, ni Maîtres ». En imposant notre volonté, nous agissons en maîtres ; je propose la suppression du mot « conjoint ».

Le citoyen Ph. Clausse, de Lyon (groupe de l'athéisme). — Je ne voudrais pas, par un vote, exclure une partie des membres du Congrès, mais je me demande comment des libres-penseurs peuvent repousser une motion qui leur fait le plus grand honneur, en leur rappelant l'impérieux devoir qu'ils ont d'élever sainement leurs enfants, d'arracher leur femme et leurs filles des bras du prêtre. La femme une fois émancipée sera, pour la pensée libre, le plus précieux auxiliaire. Il faut faciliter son émancipation.

La discussion est close ; des explications sont demandées sur la portée du vote des conclusions présentées par le groupe de Givors.

Le citoyen Cusset, président. — En votant ces conclusions, vous prenez un engagement pour l'avenir. Personne ne sera exclu aujourd'hui ; seuls le seront, des Congrès ultérieurs, ceux qui ne s'y seront pas conformés.

Le citoyen Rebattu. — N'excluons personne pour son vote. Vous connaissez la mentalité de nos campagnes, vous savez combien il est difficile, dangereux même, d'y manifester ses opinions libres-penseuses, et vous voudriez imposer cette obligation à une femme de conformer, de la manière la plus stricte, ses actes à ses idées ou à celles de son mari ! Je ne voterai pas cette proposition.

Le citoyen Couriaux, de Nancy. — Je ne me reconnais pas le droit de voter cette motion si importante, qui aurait dû d'abord être discutée dans nos Sociétés.

Renvoi de la question aux Groupes

Le citoyen Cussel, président. — Pour ne prononcer ici aucune excommunication, voulez-vous renvoyer ce paragraphe à l'étude des groupes ?

Il en est ainsi ordonné à l'unanimité.

La séance est levée à midi et demi.

À 2 heures, séance de Commission.

CONGRÈS — DEUXIÈME SÉANCE

3 Juin (après-midi)

Organisation de la Propagande

Le citoyen Couriaux, délégué de Nancy est acclamé président. Assesseur, le citoyen Genin, de Lyon (5me arrondissement).

Sur la question « Organisation de la propagande de la libre-pensée », proposée par la Libre-pensée de Chambéry, la deuxième Commission, par l'organe de son rapporteur, le citoyen Dupont, de Bourgoin, propose la résolution suivante : « Par les soins des organisateurs du présent Congrès, un Comité de propagande sera établi à Lyon dans le plus bref délai. Il aura pour objet la propagande par les livres, les brochures, les conférences, etc., dans toute la région de l'Est. » Il serait bien difficile de faire entrer, dans ce Comité, des délégués de tous les départements, car les frais de déplacement sont toujours onéreux pour les organisations; c'est pourquoi, nous vous demandons de confier, aux organisateurs du Congrès actuel, la charge et la responsabilité de la propagande dans la région de l'Est.

Ce Comité, de propagande, établi à Lyon, devra rentrer en fonctions le plus rapidement possible; il établira une liste de journaux, brochures, livres destinés à la propagande; il organisera des conférences; enfin il se tiendra, pour tous renseignements utiles, à la commune disposition des sociétés de la région.

Adopté à l'unanimité.

Au texte de la proposition « Obligation pour les parlementaires, adhérents aux organisations de libre-pensée, de donner chacun deux ou trois conférences de propagande chaque année », présentée par la Libre-pensée de La Voulte, la deuxième Commission apporte une légère modification. Elle remplace « Obligation » par « Invitation ».

Le rapporteur. — Obliger des députés à faire des conférences ne donnerait, sans doute, pas grand résultat; nous aurions, peut-être, plus de succès en les y invitant. Au point de vue pratique, le Comité de Lyon devra se tenir en rapport avec les députés libres-penseurs et solliciter leur concours en temps et lieu.

Le délégué de La Voulte. — Il faut absolument que le député libre-penseur soit à la disposition de nos sociétés, comme il est au service des comités politiques ; aussi je propose de maintenir le mot « Obligation ».

Le citoyen Ph. Clausse. — En maintenant le texte primitif, vous irez à l'encontre du but que vous vous êtes proposé. Notre autorité, sur les élus au parlement, est à peu près nulle ; dès lors, comment sanctionner cette obligation ? Nous ne pouvons guère avoir d'action que sur ceux qui appartiennent aux partis avancés, et ils sont peu nombreux. Il y a bien des députés incolores. Qui obtiendra quelque concours de ceux-là ? C'est pourquoi votre deuxième Commission a voulu vous faire entendre qu'il ne fallait compter que sur le sincère dévouement des nôtres et surtout sur sur les propres forces des militants.

Le citoyen Guillet, de Lyon. — Je propose le maintien du texte primitif. Quatre cents députés ne doivent pas oublier que leur devoir est de représenter la libre-pensée, puisqu'ils ont été élus sur un programme antireligieux aux dernières élections.

Le citoyen Nachury. — Je ne compte plus sur les députés, la campagne électorale terminée. Aussi, je propose d'ajouter, au texte proposé, ces mots « Mettre à contribution toute l'énergie des camarades ».

Le citoyen Michalon. — Dans le même ordre d'idées, je demande, aux militants disposés, à aller faire des conférences là où ils seraient demandés, de s'inscrire sur une liste spéciale qui serait tenue à la disposition des groupements.

Le citoyen Guillet reprend la proposition primitive qui comporte l'obligation pour les députés libres-penseurs.

Adopté à l'unanimité.

***

Comité de Propagande

Le citoyen Revol, de Lyon (4ᵐᵉ arrondissement). — Je propose l'addition suivante : « Un Comité de propagande sera créé dans chacune des fédérations départementales, au fur et à mesure de leur création, chargé d'assurer, avec le Comité central de Lyon, la diffusion de la propagande libre-penseuse ».

Adopté à l'unanimité.

Le citoyen Laurent Chat, de Sennecey-le-Grand. — Comme complément, je demande que chaque fédération départementale ait, pour la représenter spécialement au Comité central de Lyon, un délégué choisi parmi les organisations de cette ville.

Le citoyen Dupont, rapporteur. — Votre deuxième Commission appuie la proposition faite par la Libre-pensée de Grand-Croix, de créer une Fédération des sociétés de libre-pensée dans chaque département, et vous propose, en outre, de relier toutes les fédérations départementales de chaque région à une fédération régionale. L'union de toutes les fédérations régionales de France constituerait un organisme suprême qui serait la Fédération nationale, dont le siège serait à Paris.

Le citoyen Chipier. — Notre but est de remuer l'opinion publique, de vulgariser les travaux de nos Congrès et d'amener le parlement à sanctionner les décisions prises dans ces derniers. Pour cela, il faut des organisations fortes et disciplinées.

Le citoyen Michalon. — Dans chaque département il y aurait donc une fédération ; mais, s'il s'en formait une seconde, celle-ci serait-elle considérée comme dissidente ? Et dans le cas où actuellement il n'en existerait pas dans le département, s'il s'en créait deux simultanément après la décision de ce Congrès, laquelle serait reconnue ?

Plusieurs délégués, entre autres les citoyens Marjollet, de Ceyzérieu, Vache, de Feyzin, et Rebattu, de Grenoble, citent des exemples se rapportant aux cas susvisés.

Le citoyen Dupont, rapporteur. — Dans chaque département où il existe actuellement une fédération, si celle-ci adhère aux décisions de ce Congrès, elle sera seule reconnue ; toute autre ultérieurement créée sera considérée comme dissidente. Dans le cas où il n'en existerait pas encore ou bien si celle existante n'adhérait pas aux décisions de ce Congrès, une nouvelle fédération serait créée. Pour les autres cas, je demande que le Congrès donne pouvoir au Comité central, institué tout à l'heure, de connaitre de ces conflits et d'en faire disparaitre les causes.

Les conclusions du rapporteur sont adoptées à l'unanimité ; en conséquence toutes les Sociétés de libre-pensée devront adhérer à la fédération de leur département, ou, s'il n'en existe pas, on créer une. Les fédérations départementales devront organiser les fédérations régionales, et celles-ci formeront la Fédération nationale. Le Comité central de Lyon est chargé d'inciter et de veiller à cette organisation de la libre-pensée dans la région de l'Est.

Le citoyen X..., délégué de Saône-et-Loire. — Je voudrais voir les diverses Fédérations départementales régies par les mêmes statuts.

Le citoyen Huguon, délégué de la troisième Commission. — Sur la question « la Libre-Pensée et le Pacifisme » présentée par l'Union fédérale des Sociétés de libre-pensée du Rhône, donne connaissance d'un rapport dont il est l'auteur, qu'il présente au nom de son groupe la Libre-Pensée de Lyon et que la troisième Commission a adopté à l'unanimité.

Vu sa longueur, il n'est possible de donner de ce fort intéressant rapport que le résumé suivant :

Rapport sur l'Antimilitarisme, le Pacifisme et la Libre-Pensée

Quelle doit être l'attitude d'un libre-penseur en temps de guerre ? Cette question ne peut être résolue qu'en étudiant le pacifisme et l'antimilitarisme. La propagande pacifiste est un coup d'épée dans l'eau, surtout si l'on considère qu'elle est soutenue par les patriotes, et même par les monarques de tous les pays, tous gens qui ayant besoin de l'armée pour maintenir leurs privilèges, ne peuvent sincèrement en demander la suppression. Examinons les moyens principaux préconisés par les pacifistes pour rendre leur action efficace. Le boycottage des nations belligérantes ? Mais au cours des derniers conflits dont nous avons été spectateurs (guerre russo-japonaise), ou même acteurs (expédition de Madagascar), nous ne l'avons pas vu employer. La constitution d'un tribunal suprême d'arbitrage international ? Mais si devant lui comparaissent, armées, deux nations qui croient avoir chacune le bon droit de leur côté et ne veulent céder ni l'une ni l'autre, qui empêchera la guerre ! Constatons donc la faillite du pacifisme et substituons-lui l'antimilitarisme. L'antimilitariste n'est pas celui qui conseille de tirer ou non sur les officiers, il est tout simplement, comme son nom l'indique, celui qui est partisan de la disparition des armées. L'antimilitariste réprouvant l'existence des armées permanentes et périodiques, apporte sûrement le remède efficace pour empêcher de la façon la plus radicale les guerres internationales.

Mais de ce que l'antimilitariste réprouve les armées, doit-on conclure qu'il peut refuser le concours de sa personne en cas de conflit international ? Constatons d'abord qu'un gouvernement peut, ainsi que nous l'avons vu à propos du conflit franco-allemand soulevé par la question du Maroc, entraîner sa nation dans une guerre, non seulement sans la consulter à ce sujet, mais même sans lui fournir aucune explication sur les négociations en cours. Et pourtant qui doit payer la casse si ce n'est le prolétaire, avec sa peau s'il est soldat, avec son travail s'il est contribuable ?

Et les patriotes sont-ils bien venus à pousser à la guerre, eux qui se recrutent surtout parmi les hommes ayant dépassé 45 ans, ou réformés, inaptes au service militaire ? Avez-vous vu ces ardents patriotes que sont les prêtres se plaindre jadis de ce qu'ils étaient exemptés du service militaire et connaissez-vous des capitalistes qui aient refusé de faire fructifier leurs capitaux à l'étranger ? Jusqu'aux députés soi-disant patriotes qui entendaient sans protester l'an dernier un de leurs collègues, de Rosamber, demander à la tribune quelle conduite devraient tenir les représentants du peuple en cas de guerre avec l'Allemagne ! Comédie que tout cela. Mais, objecte-t-on à la thèse antimilitariste : l'armée est nécessaire en cas d'attaque brusque. A notre avis, ce cas ne se produit jamais ; tout conflit armé est précédé de pourparlers, si courts soient-ils. Et puis, quand bien même il y aurait attaque brusque, alors les patriotes et ceux qui ont quelque chose à défendre ont un devoir tout tracé, mais il n'en est pas de même de ceux qui n'ont rien à gagner, mais tout à perdre que leur nation soit vaincue ou victorieuse. Exemple, la famine qui a sévi de si effroyable façon sur le peuple japonais aussitôt après sa victoire sur l'armée russe. On nous dit encore que les travailleurs doivent courir sus à l'envahisseur pour défendre leurs libertés acquises. Mais quelles libertés a-t-il donc à défendre le prolétaire qui de jour en jour se trouve plus à la merci de l'arbitraire et du capital.

C'est comme l'honneur national. Où réside-t-il donc, sinon dans l'orgueil de nos gouvernants irresponsables ? Tous ces arguments sont de même consistance ; ils s'effacent à la lumière de la raison, de la justice et de la vérité. Ils ne peuvent servir qu'à reculer l'avènement d'un état social meilleur, où parmi les hommes égaux régnerait la véritable paix. En conséquence, et comme conclusion, considérant que seule la disparition des armées permanentes peut et doit amener le bonheur de tous les êtres humains, prenant exemple sur le capitaliste qui dans sa classe ne se reconnaît pas d'ennemis au delà des frontières, nous déclarons que le libre-penseur doit refuser de faire la guerre.

Le *citoyen Laurent Chal.* — Si je suis prêt à ratifier de mon vote les conclusions émises dans ce rapport, je déclare que je refuse de la façon la plus formelle de m'associer aux considérations de l'exposé. Et j'ai vu avec peine que dans une Société de libre-pensée, on pouvait venir faire le procès du pacifisme.

·Vous en avez fait, camarade, une image absolument fausse. Vous avez dit que ceux-là sont dans la situation de ceux qui, prenant des grains de blé pour les semer vont les jeter en pleine mer.

Les pacifistes ne sont pas des inconscients ; leur action, pour être lente, n'en est pas moins féconde et salutaire. Est-ce que par exemple ces paroles ont été perdues, ces paroles des Encyclopédistes qui ont fait la grande Révolution.

Est-ce que la parole de ceux-là qui, comme Lamartine et Edgard Quinet, allaient en 1848, porter leurs idées dans les banquets réformistes, a été perdue : ils ont fait la révolution de 1848. Ils ont exercé une influence profonde sur les générations du XIXᵉ siècle ! ils ont préparé l'avènement définitif de la République ! Non ! Les paroles ne sont pas perdues parce qu'elles sont le résultat d'un effort. Il suffit que le grain lève quand même pour produire des idées généreuses à la suite.

Le procès du pacifisme est donc mal venu ici ; vous avez invoqué la question marocaine : eh bien, croyez-vous que s'il n'y avait pas eu la poussée pacifiste les gouvernements n'auraient pas précipité les événements, car à cette date fatale de juin 1905, le décret de mobilisation était à la signature.

On a dit, nous voulons des ententes cordiales, des explications franches, c'est ce que nous avons fait. Grâce à l'effort pacifiste, à l'effort merveilleux qui a donné des résultats appréciables, et qui permettra demain de réaliser la République universelle.

Le *citoyen Carret.* — Je veux dire pourquoi je m'abstiendrai. C'est que je ne trouve aucun rapport entre cette question et la libre-pensée.

Le *citoyen Huguon*. — Je dirai tout de suite que la question a été posée au Congrès de Paris l'année dernière ; les Congrès régionaux sont donc contraints de la discuter.

Le *citoyen Foray*. — J'estime qu'il est bien tard et je propropose le renvoi de la discussion à demain.

Le renvoi est ordonné.

La séance est levée.

CONGRÈS — TROISIÈME SÉANCE
4 Juin (matin)

Le Baptême. — La Commission a la majorité.
L'Emancipation de la Femme.

Le citoyen Carret, délégué de Chambéry, est acclamé président. Il est assisté des citoyennes Boust et Carrusso et des citoyens Rebattu, Poizat et Remlinger.

Après une courte allocution du Président, le citoyen Vaganay, au nom de la Commission d'organisation du Congrès, propose la double motion suivante qui est adoptée à l'unanimité :

1° Pour assurer la sincérité des votes, ceux-ci auront lieu à mains levées, en tenant la carte de délégué ;

2° Vu le temps très court qui reste au Congrès, trois minutes seulement seront accordées aux orateurs, les rapporteurs exceptés.

Le citoyen Laurent Chal, conseiller municipal de Lyon, délégué de Sennecey-le-Grand, présente le rapport suivant au nom de la première Commission :

Camarades,

La première Commission m'a fait l'honneur de me désigner pour rapporter ses décisions sur les deux questions suivantes qui lui ont paru connexes :

1° Baptême et Communion à la majorité (libre-pensée du 3e arrondissement de Lyon) ; 2° Emancipation de la femme, recherche des moyens propres à la soustraire à l'influence du prêtre (libre-pensée du canton de Sennecey-le-Grand).

Camarades,

Ce problème, l'émancipation de la femme, est l'un de ceux dont l'étude et la solution s'imposent ; c'est l'une des plus graves questions, parmi celles soumises aux délibérations du Congrès, parce qu'elle a un côté intellectuel, un côté moral et un côté matériel; parce qu'elle touche à la fois à l'individu, à la famille et à la collectivité.

A l'aurore même de ce Congrès elle était posée par la Société de la Libre-Pensée de Givors, qui a répondu — quoi qu'on en ait pu penser et dire dans l'énervement d'une discussion trop imprévue et trop rapide — à la préoccupation générale, mais en proposant une solution basée sur la contrainte alors que nous ne devons et ne voulons faire appel qu'à la raison.

Il y a un malaise qui s'est instauré au foyer de famille, qui atteint toute la nation; l'auteur de ce mal est connu et dénoncé depuis des siècles, et c'est une honte, vraiment, que nos hommes d'État n'ont pas eu le courage encore de briser cet ennemi : l'éducation cléricale.

Ah ! je sais bien qu'on ne détruit pas par une simple loi, ni du jour au lendemain, des traditions séculaires, ni cet esprit de routine dont Balzac a fait le procès en disant « qu'il ne modifiait rien parce que le moindre travail de l'esprit lui paraissait pénible »; mais n'est-il pas vrai qu'en supprimant la cause aujourd'hui on empêcherait l'effet pour demain ?

Pour bâtir une maison solide, il faut l'asseoir sur de bonnes fondations; pour faire une génération forte il faut lui donner une instruction intégrale, une morale positive, une philosophie rationnelle, conditions nécessaires de la germination, puis de l'épanouissement des idées de Progrès, de Justice et de solidarité !

C'est donc dès le début de la vie qu'il faut agir, et agir en vertu de ce principe : l'État est le tuteur né de tous les enfants de France. J'insiste : négliger la santé d'un enfant, c'est compromettre la force des générations futures; négliger son intelligence c'est peut-être voler au pays un trésor inestimable; lui imposer de force une croyance quelconque, c'est annihiler son esprit de recherche, c'est le tromper, c'est l'emprisonner dans une formule, c'est l'asservir à une conception définitive, c'est préparer pour demain un bâillon pour sa pensée, des fers pour sa liberté! L'État a donc sur tous les enfants des droits, et vis-à-vis d'eux des devoirs; dans l'espèce c'est en usant de ses droits que l'État accomplira ses devoirs. Il montera une garde vigilante autour de l'enfance et imposera toutes les obligations nécessaires pour qu'il soit veillé à sa santé matérielle, morale et intellectuelle.

Déjà, par des lois prévoyantes, des services d'inspection des enfants en bas-âge sont créés, la fréquentation scolaire est obligatoire, la réglementation du travail dans l'usine ou l'atelier est ordonnée, mais, pour le cas qui nous occupe, croit-on que l'instruction donnée dans les écoles publiques est tout ce qu'elle devrait-être ? Je ne le pense pas et je m'en explique.

Il y a, dans la loi sur l'instruction laïque, gratuite et obligatoire, une duperie ; si nous ne protestons pas contre son maintien nous deviendrons les complices de nos aînés ; cette duperie, c'est ce qu'on appelle « la neutralité religieuse ».

Or, l'État est laïque ; il est responsable, vis-à-vis de l'avenir, de cette richesse essentielle qu'est l'enfance ; il doit défendre, comme je le disais plus haut, qu'on lui vole son indépendance : que ce soit d'abord contre le sécateur du rabbin, le signe d'admission de Calvin, ou l'eau bénite du prêtre. Quand l'enfant aura l'âge de raison, de discernement, il sera l'arbitre, le seul arbitre du choix d'une religion, et vous pouvez être certains que dans la majorité des cas, imbu de morale laïque, son esprit étant ouvert aux vastes horizons de la science, il n'épousera qu'une religion : l'amour de la Vérité et de l'Humanité !

« Son esprit étant ouvert aux vastes horizons de la science », ai-je dit. Cela implique qu'à l'école il faut des institutrices et des instituteurs ayant eux-mêmes le cerveau assez libéré pour faire — la loi de l'État l'ordonnant dorénavant — non point de la neutralité religieuse, mais le précis des religions. A l'école c'est la vérité scientifique seule qui doit être enseignée ; l'on y doit préserver l'enfance contre les théories captieuses, on doit lui parler le langage de la raison : il n'y a point de Dieu, tu aimeras ton prochain, tu sera ton seul maître.

A côté de l'instruction rationelle, on doit à l'enfance une éducation fortifiée. Il ne faut point imiter les prêtres de toutes robes et de toutes confessions qui disent : « Travaille par crainte d'un châtiment et pour obtenir une récompense » ; bien au contraire, on doit faire comprendre aux enfants qu'à tous les âges de la vie, chaque individu a des devoirs vis-à-vis de soi-même et vis-à-vis de la société ; que l'ensemble des habitants d'un pays — en attendant le jour heureux où nous pourrons dire : l'ensemble de l'Humanité — est un capital commun, qu'aucune parcelle de ce capital ne doit être inactive, parce qu'alors elle serait improductive et ferait tort à la collectivité ; que l'écolier travaille pour lui d'abord en s'instruisant, mais que les connaissances qu'il acquiert il devra les répandre autour de lui ; que la loi humaine est ainsi faite que l'héritage du Passé fait le Présent débiteur de l'Avenir !

Sur les bancs de l'école on enseignera les principes de la fraternité, on développera le sentiment de la bonté, on excitera l'amour du travail, on exaltera la justice en même temps qu'on pénétrera.

les enfants de la haine des guerres dévastatrices et de l'oisivité démoralisatrice.

Puis, par la diffusion des œuvres post-scolaires ou péri-scolaires, on assurera la transition entre l'enfance et la virilité en créant des distractions saines, instructives et éducatives pour l'adolescence ; ces sociétés ne seront pas seulement une occasion pour se réunir, de consolider des affections, de développer des relations, mais elles seront un foyer amical où se fera l'apprentissage de la vie, du devoir social ; où les cotisations de tous, mises en commun, pourront servir soit à aider quelque écolier dans le besoin, soit à sauver quelque ancienne compagne que la misère conseillerait mal, soit à venir au secours d'un camarade dans la détresse.

N'estimez-vous pas que si cette méthode était employée, nous trouverions, dans un avenir prochain, une génération parfaitement unie, assoiffée seulement de travail, de justice et de vérité, et qui ignorerait les durs et douloureux combats qui se livrent dans tant de familles à l'occasion des baptêmes, des premières communions et des mariages religieux ? combats où si souvent l'homme immole ses convictions les plus chères sur l'autel de la paix familiale !...

Mais pour la jeune fille ou la jeune femme qui n'ont pu bénéficier de cette instruction et de cette éducation rationnelle, que devons-nous faire ?

Il faut l'associer à nos travaux, à nos études ; il faut consacrer moins de temps au café et davantage à nos foyers comme aux réunions dans lesquelles on s'instruit ; il faut l'initier à la vie politique comme à l'évolution sociale afin que, d'adversaire qu'elle est souvent de nos doctrines, elle devienne notre collaboratrice.

La femme est profondément intuitive ; elle a de merveilleuses facultés d'assimilation. Modifions sa mentalité, affranchissons-là du joug des religions par l'étude en commun, par le raisonnement, par l'exemple, par le bénéfice de la propagande utile, active, inlassable, que font tant d'ardents pionniers de la libre-pensée ; et alors la paix dans les familles sera assurée, le rayonnement de nos idées sera plus intense, et nous aurons suivi la leçon de Valère puisque nous aurons « écrasé l'infâme ! »

Camarades, il a paru à votre Commission que la libre-pensée ne pouvait pas se renfermer dans ce domaine purement intellectuel et moral, mais qu'elle devait entrer dans un autre ordre d'idées.

On déplore que le nombre des femmes se livrant à la prostitution aille grandissant. D'où vient ce mal ? quel peut en être le remède ?

Il y a deux catégories de prostituées : les besogneuses et les dépravées.

Les besogneuses ? hélas ! elles méritent toute notre commisération, et c'est d'elles qu'il faut dire, avec Victor Hugo :

Oh ! n'insultez jamais une femme qui tombe....

Leur faute découle de la faute de la société, des conditions de vie (ou de famine) qui leur sont faites ; leur déchéance morale est à la charge de cette société capitaliste qui, par ses rémunérations dérisoires, oblige les malheureuses affamées à rechercher des profits supplémentaires dans la location de leur corps, quand elles ne doivent pas subir des relations avec leur employeur ou son intermédiaire pour conserver leur travail. Or, tout en étant des libres-penseurs, nous sommes des citoyens et, suivant nos affinités, nos opinions, nous approchons les élus législateurs et nous sommes incorporés dans des comités politiques. Demandons donc énergiquement que les patrons n'ait plus le droit de faire une différence dans le labeur fourni pour lui ; demandons que ce que la femme aura produit ne soit point payée au-dessous de ce que serait payée la même production faite par un homme ; demandons qu'on oblige le patronat à respecter cette maxime d'équité : à travail égal, salaire égal ! De la sorte, la main d'œuvre masculine se trouvera davantage recherchée, la femme sera moins exploitée et, n'étant plus la concurrente du mari, se verra rendue à sa haute destination, celle qui consiste à soigner le ménage, à veiller plus sur les enfants, à mettre le rayon de sa grâce native au foyer familial, à avoir plus de bonheur et moins de souci, à éviter bien des promiscuités et des tentations, à respecter, en un mot, le nom de son époux et de ses enfants.

Les dépravées ? Combien le sont devenues par la faute des hommes ! combien, dans leur faiblesse organique et morale, ont été le jouet de la brutalité des passions masculines ! Pour elles, c'est encore par un oubli du passé, par la main généreusement tendue pour leur relèvement, par l'éducation, par le contact du bon exemple, par la tentation des joies que procure l'honnêteté de la conduite que nous pourrons tenter de les arracher au vice. Et si dans bien des cas nous devons échouer, nous aurons tout au moins ce réconfort d'éviter aux fillettes d'aujourd'hui ce malheur pour l'avenir en veillant avec un soin jaloux sur leur instruction et leur éducation, et en leur préparant une vie plus facile dans dans une société plus juste.

Camarades, si ces sentiments sont les vôtres, vous approuverez les résolutions suivantes :

Le Congrès, considérant que le devoir de l'Etat, tuteur légal et régulier de tous les enfants du pays, est de préserver la génération future contre toute violence matérielle ou morale ;

Demande que l'administration de ce qu'on appelle les sacrements du baptème et de la communion ne soit autorisée qu'à l'àge de la majorité ;

Que le monopole intégral de l'enseignement étant réservé à l'Etat, les institutrices et instituteurs y enseignent la morale laïque, rationnelle, positive, et y fassent le procès des religions (écoles de mensonge, d'ignorance et de servitude), par l'exposé de leur histoire ;

Que par l'organisation de fêtes civiques, par une campagne soutenue de propagande émancipatrice, par la diffusion des œuvres post ou péri-scolaires, par la diffusion de la science, les idées de libre-pensée pénètrent dans tous les milieux et préparent l'unité morale du pays ;

Que par des lois de protection et de vigilance, les salaires de famine distribués aux femmes par un patronat égoïste soient relevés jusqu'à ce qu'ils atteignent le prix payé aux hommes, et cela en vertu de cet axiome d'équité : à travail égal, salaire égal ! seul moyen, complémentaire de l'éducation, d'enrayer le développement de la prostitution et de rendre la femme à sa noble et essentielle mission.

Les conclusions de ce rapport sont adoptées à l'unanimité.

Le citoyen *Merlin, de Lyon* (4ᵉ arrondissement) présente, au nom de son groupe, un rapport dont les conclusions ci-après ont été adoptées à l'unanimité par la première Commission.

Résolutions

1º Qu'en attendant la laïcisation des hospices, le gouvernement de la République fasse défense à tous, religieux, religieuses et prêtres, d'importuner les malades et d'abuser de leur faiblesse pour les contraindre à des pratiques de dévotion qui leur répugnent et qu'ils repoussent.

2° Qu'il soit interdit aux employés des hospices de demander aux malades, dès leur entrée, à quel culte ils appartiennent; la constatation de leur état maladif étant la seule chose qu'ils puissent exiger d'eux.

3° Que l'État républicain devienne le tuteur matériel et moral, le défenseur et le protecteur des enfants abandonnés pour faire de ceux-ci par l'instruction et l'éducation laïques des citoyens dévoués à la République.

4° Que l'éducation religieuse ne soit plus obligatoire pour les enfants assistés.

Toutes ces résolutions sont adoptées par le Congrès qui décide en outre de demander aux pouvoirs publics le rétablissement des mesures édictées par le ministre Berteaux dans sa circulaire (annulée depuis par une nouvelle et réactionnaire circulaire du ministre Étienne), tendant à ce que soit enterré sans le concours du prêtre tout soldat décédé au corps qui n'aura pas expressément demandé des funérailles religieuses.

Au sujet du vote de ces résolutions, le *citoyen Piquet, de Montélimar*, cite des faits personnels montrant que dans les hôpitaux militaires et civils la pression confessionnelle est non seulement morale, mais encore matérielle.

Enfin, le *citoyen Guillet* proteste énergiquement contre le règlement en vigueur à la Maternité de Lyon, par lequel les enfants sont, dès qu'ils viennent au monde, baptisés sans qu'il soit besoin d'un consentement du père ou de la mère.

La Loi de Séparation

Le *citoyen Cusset*, rapporteur de la question « La loi de séparation des Églises et de l'État en ce qui concerne son application et ses conséquences » présentée par l'Union fédérale des Sociétés de libre-pensée du Rhône, s'exprime ainsi :

Nous sommes en face d'un fait accompli : la séparation des Églises et de l'État, mais il est bon de faire remarquer que c'est grâce au mouvement libre-penseur, aux conférences faites par les propagandistes, aux brochures rationnalistes, aux journaux avancés répandus dans le pays que cette loi de séparation a été rendue possible.

Il semblait entendu que cette réforme dont on parlait depuis si longtemps, dès l'Empire et pendant 35 ans de République, était une de ces réformes traditionnelles toujours promises, jamais réalisées ; il semblait que les générations ne devaient la toucher que pour se la transmettre et non pour la réaliser, et que c'était là une de ces batailles innombrables, toujours à recommencer, qui se livrent entre l'esprit laïque et l'esprit de domination de l'Église et dont le but lointain ne saurait être atteint. Cependant dans cette vieille terre de la Révolution, pays de la liberté, les libres-penseurs du Parlement, s'appuyant sur la nation, — et aux dernières élections la réponse du peuple a été éloquente, — ont donné cet exemple magnifique de faire dans un grand pays la séparation des Églises et de l'État. Une fois de plus, la France a été fidèle à son rôle historique d'initiatrice et d'émancipatrice des peuples. Il est vrai que l'insondable inconscience du nouveau pape a su applanir de nombreuses difficultés. Nous pourrions presque lui voter des félicitations à ce sujet.

Les différentes Sociétés de libre-pensée s'attachent maintenant aux réformes immédiatement réalisables ; elles ne peuvent pas encore faire entrer tout leur idéal dans les réalités vivantes, c'est entendu. Mais des modifications incessantes, de plus en plus profondes, apportées à l'état actuel des choses peuvent, en effet, orienter le pays vers notre idéal.

Voyez notre méthode : en 1904, au Congrès de Lyon, notre ami Édouard Arnaud fit un brillant rapport sur la Séparation ; on l'analysa article par article, et si toutes les dispositions préconisées par le Congrès ne furent pas votées par le Parlement, cela n'empêcha pas de dire que nous voulions, et qu'en effet nous avons obtenu, sans surenchère aucune, des choses raisonnables. Au Congrès de Rome enfin les délégués des pays étrangers nous félicitèrent du vaste mouvement d'émancipation déterminé chez nous.

La libre-pensée ne doit donc pas s'attacher aux vulgaires déclamations, mais aux réformes tangibles. Ce n'est pas du jour au lendemain qu'on transforme la mentalité des hommes et des peuples. Il faut savoir se contenter de ce qu'on peut obtenir et continuer la propagande. Voici un exemple : Au Congrès de Paris, le projet Briand était déjà voté par la Chambre, et il consacrait un principe, malgré ses nombreuses imperfections, il fut décidé que les représentants de la libre-pensée universelle inviteraient le Sénat à voter sans modification aucune la loi venant de la Chambre de façon à ce qu'elle puisse entrer en application à partir du 1ᵉʳ janvier 1906. Le Sénat, sur la proposition du citoyen Maxime Lecomte vota la loi sans aucune modification, et ainsi que je l'ai dit, elle est en vigueur depuis le 1ᵉʳ janvier de la présente année. Nous faisons cependant des réserves pour l'avenir. Nous pensons que les libres-penseurs n'ont pas lieu d'être entièrement satisfaits de la nouvelle loi ; c'est pourquoi votre Commission vous propose la reprise du contre-projet Allard dont l'article 1ᵉʳ est ainsi conçu : « La République ne reconnaît, ne protège, ne salarie, ne subventionne, ni ne loge aucun culte. En conséquence à partir du 1ᵉʳ janvier qui suivra la promulgation de la présente loi, seront et demeureront supprimées des budgets de l'État, des départements et des communes, toutes dépenses relatives directement ou indirectement à l'exercice des cultes ». Ce contre-projet était trop libre-penseur, il ne fut pas adopté, selon l'expression même de M. Briand, c'était la séparation de l'Église par l'État. Permettez-moi, en passant, de rendre hommage au talent du citoyen Briand, grâce à l'éloquence entraînante duquel le projet de séparation fut voté, et aussi au citoyen Combes qui, président du Conseil, sut préparer la séparation et la rendre inévitable. Je le répète, la loi actuelle ne nous donne pas entière satisfaction, néanmoins nous devons nous en contenter pour le moment, quitte à en aggraver les dispositions lorsque nous le pourrons.

En conséquence, le Congrès adopte à l'unanimité le projet de résolution suivant :

Considérant que le vote par le Parlement français, de la loi de séparation des Églises et de l'État, est un véritable progrès et l'un des évènements les plus importants des temps présents.

Considérant que le pays de la Révolution a une fois de plus donné l'exemple aux peuples civilisés.

Considérant, d'autre part, que si le principe de la séparation est à jamais consacré, il est regrettable que les dispositions de la loi concèdent encore de criants privilèges aux églises, notamment en ce qui concerne la dévolution des biens, propriété inaliénable et imprescriptible du peuple français.

Proteste contre l'allocation des pensions ou indemnités aux prêtres valides ou ennemis déclarés de la République. Entend ne faire exception que pour les vieillards ou les infirmes.

Pour ces motifs, émet le vœu :

Que le contre-projet Allard qui fait rentrer dans le droit commun les églises, et rend à l'État, aux départements ou aux communes les biens détenus injustement par les églises, est le seul digne des libres-penseurs.

Engage tous les libres-penseurs à créer un vaste courant d'opinions par les congrès, les journaux, les brochures, les conférences déterminant la reprise et le vote par le Parlement du contre-projet Allard.

Le Congrès prend ensuite en considération un certain nombre de vœux parmi lesquels :

Communion et baptême à la majorité (Lyon, 1er arrondissement.

Laïcisation des hôpitaux (Lyon, 1er arrondissement).

Suppression des pensions, indemnité ou allocation aux curés ou desservants des communes où la loi de séparation aura été défavorablement commentée en chaire ou aura rencontré des difficultés dans son application (Pont-de-Beauvoisin et Neuville).

Interdiction du port de la soutane en dehors des exercices du culte (Limonest et Nancy).

Interdiction ou tout au moins réglementation des sonneries des cloches (Lyon, 5e arrondissement).

Le *citoyen Charbonnérial*. — Je suis d'avis que les conseillers municipaux ici présents prennent l'engagement de réglementer aussitôt après ce Congrès les sonneries de cloches dans leurs communes.

Le *citoyen Cussel, rapporteur*. — Je crois devoir répondre au camarade que si dans les petites communes le droit de réglementation des sonneries de cloches appartient au maire, dans les grandes cités c'est le préfet qui est souverain. Ainsi à Lyon, nous avons fait une proposition dans ce sens, nous avons dû nous incliner devant le préfet, et on a pu obtenir seulement que les sonneries n'excèdent pas cinq minutes. Je suis cependant persuadé qu'avec la nouvelle Chambre républicaine et libre-penseuse, nous finirons par obtenir satisfaction.

Le *citoyen Charbonnérial*. — En attendant, je demande que ma proposition soit mise en pratique partout où les camarades pourront le faire.

L'ordre du jour appelle la suite de la discussion sur le pacifisme et la libre-pensée.

Le citoyen Hugnon, rapporteur de la troisième Commission, a la parole. Revenant sur la discussion de la veille, il reproche au citoyen Laurent Chat d'avoir voulu donner, à propos de la question du Maroc, un brevet de capacité au pacifisme qui ne l'a pas mérité. Les pacifistes ont mené leur campagne, dit-il, c'est entendu, mais les antimilitaristes ont été plus énergiques et leur affiche, qu'a publiée l'Humanité, a permis aux travailleurs de savoir que la guerre avait failli éclater le 25 décembre 1905.

Le citoyen Laurent Chat exprime l'avis que les idées de paix internationale doivent être répandues sagement et sans violence par une propagande qui sera d'autant plus efficace qu'elle s'adressera à la raison. Je vous approuve, dit-il, si vous voulez supprimer les armées permanentes, mais à une condition, c'est que le voisin le fasse en même temps. Je suis antimilitariste, mais je le suis théoriquement d'abord, à la façon de Socrate qui disait : « Je suis citoyen d'Athènes, mais je suis avant tout citoyen de l'Univers ».

Le citoyen Junillou, de Valence. — Je fais remarquer au rapporteur qu'il a omis de signaler la protestation d'un membre de la troisième Commission qui a dit : nous marcherions à la frontière en cas de guerre pour défendre nos libertés.

Le citoyen Foray dit qu'il ne votera pas les conclusions du rapport Hugnon, parce que les congressistes ne sont pas venus ici pour faire de la politique.

Le citoyen Revol. — Au nom de la libre-pensée du 4e arrondissement de Lyon je propose la motion suivante : « La libre-pensée étant internationale, les libres-penseurs de tous les pays doivent s'employer, par tous les moyens en leur pouvoir, à prévenir la guerre en semant autour d'eux les idées de fraternité et de justice qui prépareront le désarmement général. » Je crois que je ne m'écarte pas beaucoup des idées exprimées par le rapporteur Hugnon et ma motion doit être considérée plutôt comme une addition à son rapport que comme un contre-projet.

Le citoyen Laurent Chat. — Je me rallie à cette motion mais je lui donne le sens d'une contre-proposition.

Plusieurs délégués font une proposition identique.

Le citoyen Revol déclare que, puisqu'on veut opposer sa motion aux conclusions du rapporteur, il l'a retire.

Les citoyens Chat et Cusset déclarent la reprendre en leur nom, en lui donnant la valeur d'une contre-proposition.

Le citoyen Hugnon déclare accepter, lui aussi, cette motion, mais la considérer comme une addition aux conclusions de son rapport.

Le président déclare que la motion Revol sera mise aux voix à titre de contre-proposition et que si ce texte est voté, les conclusions du rapport Hugnon seront, *ipso facto*, repoussées.

Ces déclarations du président provoquent de vives protestations de la part des citoyens Chipier et Clausse, appuyé de plusieurs congressistes, qui affirment qu'il n'y a pas antinomie entre les conclusions du rapport Hugnon et le texte de la motion Revol.

Néanmoins, l'assemblée passe outre et décide qu'on votera par appel nominal. Le citoyen Hugnon donne sa démission de rapporteur.

Un certain nombre de congressistes quittent la salle des séances, le vote se poursuit au milieu d'une vive agitation.

Par 52 voix contre 2 et 37 abstentions, la contre-proposition Revol est adoptée.

Le citoyen Carret, président. — En conséquence, les conclusions du rapport Hugnon sont rejetées.

La séance est levée et renvoyée à 2 heures de l'après-midi.

CONGRÈS — QUATRIÈME SÉANCE

4 Juin (après-midi)

L'assemblée désigne, pour présider la séance, le citoyen Vaganay, président de la libre-pensée du canton de Vaugneray. Ce dernier remercie et fait appel à toute la bonne volonté des délégués qui doivent solutionner un grand nombre de questions dans un temps relativement très court, la réception des congressistes à l'Hôtel de Ville par la municipalité lyonnaise étant fixée à 5 heures.

Assesseur, le citoyen Lambert, délégué de Vienne.

L'assemblée revient encore à la question de l'antimilitarisme et du pacifisme. A la motion votée le matin en fin de séance, le citoyen Charbonnériat propose la motion suivante : « Considérant que, seule, la disparition des armées peut et doit amener le bonheur de tous les êtres humains, prenant exemple sur les capitalistes qui ne reconnaissent pas, dans leur classe, d'ennemis en dehors des frontières, les libres-penseurs déclarent que, pour faciliter l'avènement d'une société basée sur l'égalité, ils refusent de marcher dans tout cas de guerre où seuls les intérêts capitalistes seraient en jeu, mais que leur énergie se réveillerait pour défendre leurs libertés si chèrement conquises. »

Le citoyen Laurent Chat. — Je voterai cet amendement parce qu'il répond exactement à la neutralité de ceux qui se déclarent libres-penseurs.

Adopté à l'unanimité.

Le rapporteur de la troisième Commission s'étant démis de ses fonctions, le président de ladite Commission, le citoyen Charbonnériat présente les questions suivantes :

Les Conseils de guerre

« Suppression des Conseils de guerre » proposées par les groupes de Vals et de Villeurbanne.

Le citoyen Ph. Clausse. — Depuis de nombreuses années, la démocratie demande la réforme de cette juridiction spéciale. Des événements récents ont montré que pour servir des intérêts de castes, des vies humaines pourraient être sacrifiées par ces juges d'exception. Aujourd'hui je demande leur suppression complète en temps de guerre comme en temps de paix. Par leurs jugements criminels ils ont provoqué le mouvement qui exige leur disparition.

La division étant demandée, le vote donne les résultats suivants :

Suppression en temps de paix.

Adopté à l'unanimité moins une voix.

Suppression également en temps de guerre.

Adopté à l'unanimité moins cinq voix.

Les Lois scélérates

« Abrogation des lois scélérates » présentée par les citoyens Charbonnériat, de Givors et Mathevet, de Saint-Chamond.

Le Rapporteur. — Nous entendons par lois scélérates toutes les lois contraires à la liberté d'opinion et à ses manifestations, prohibitives du libre arbitre et dirigées contre l'humanité.

Le citoyen Laurent Chat évoque la période douloureuse de l'assassinat de Carnot et ajoute : « Après cet assassinat, Dupuy a fait la besogne la plus abominable ; à la faveur du plus monstrueux des attentats, contre lequel nous nous sommes élevés avec indignation, il a voulu, profitant de cette circonstance, faire des lois qui bâillonnaient la pensée. Or nous, libres-penseurs, nous voulons que chacun puisse librement déployer son drapeau, quitte aux majorités à se ranger du côté qui leur convient. Ces lois sont des lois d'exception et pour cela elles sont scélérates. Pour ma part, bien que radical, je déclare que ces lois sont mauvaises parce que faites en raison de circonstances et je voterai leur abrogation. »

Le citoyen Merlin, de Lyon (4e arrondissement), s'efforce de justifier, dans une certaine mesure, ces lois qu'il déclare nécessaires en face des attentats anarchistes. Ceux qui défendent leurs idées par le fait, dit-il, sont responsables.

L'abrogation est votée à l'unanimité.

Le Rapporteur. — La troisième Commission, sur la proposition du citoyen Batho, de Lyon (groupe de l'athéisme), vous propose un vœu tendant à la libération immédiate des condamnés et détenus qui ont été ou sont poursuivis pour propagande antimilitariste. Nous ne pouvons admettre que certains signataires d'affiches antimilitaristes soient condamnés à trois et même quatre ans de prison, tandis que sur d'autres points de la France, d'autres ne sont pas même poursuivis. Ne faisons pas de personnalités, toujours soyons justes et humains.

Adopté à l'unanimité.

Le rapporteur. — La troisième Commission propose un vœu tendant à la constitution, entre les mains de l'Etat, du monopole des fournitures de denrées pour les militaires. Dans ce domaine, dit-il, on voit de véritables scandales.

Le citoyen Chipier. — Je trouve plutôt drôle que ce vœu soit présenté par la troisième Commission qui a soutenu la suppression des armées ; il y a là une contradiction.

Le rapporteur. — La contradiction n'est qu'apparente ; tant qu'elle existe, nous devons bien compter avec la société telle qu'elle est.

Le vœu est adopté à l'unanimité.

Le rapporteur présente un vœu tendant à la non intervention des troupes dans les grèves.

Le citoyen X.... — Je n'admets pas, qu'en période de grève, on détruise des usines ou autres propriétés, et je ne comprendrais pas qu'on tolère de tels actes. Je suis partisan de l'intervention dans les grèves de la gendarmerie et non de l'armée. Je me rallierai néanmoins au vote qui sera émis.

Le vœu est adopté à l'unanimité.

Un délégué signale un projet, actuellement à l'étude par le gouvernement, tendant à la création d'un corps de gendarmerie mobile pour remplacer l'armée dans les grèves.

Le citoyen Hugnon. — Je ne suis pas partisan de voter la suppression de 5.000 fantassins pour les remplacer par 10.000 gendarmes.

Le Congrès désapprouve la création d'un corps spécial de gendarmerie mobile.

Au nom de la deuxième Commission, le citoyen Dupont déclare que le temps matériel a manqué pour rédiger un rapport complet et définitif sur l'importante question des relations de la libre-pensée avec l'organisation capitaliste. Cette question nécessite une enquête approfondie ; elle devra être mise à l'étude dans les sociétés de libre-pensée qui présenteront des rapports documentés. L'assemblée décide, à l'unanimité, que cette question sera, de la manière la plus absolue, mise à l'ordre du jour du prochain Congrès.

On passe ensuite aux questions relatives à l'enseignement.

Le citoyen Dupont, rapporteur. — Votre Commission vous propose la résolution suivante : « Toutes les fois qu'un fonctionnaire, un instituteur par exemple, sera, à cause de ses opinions, en butte aux attaques de ses chefs ou d'autres fonctionnaires, il pourra recourir au Comité régional que nous avons institué hier, lequel aura pour devoir d'intervenir auprès des élus pour faire rendre justice à ce camarade ».

Le citoyen Marjollet. — Nous voyons trop souvent des fonctionnaires, grassement rétribués, qui ne sont pas même neutres mais franchement cléricaux. S'ils peuvent faire « sauter » un fonctionnaire républicain ou socialiste, ils n'y manquent pas. Il faut absolument qu'un fonctionnaire, pourvu qu'il fasse son service, soit respecté dans ses opinions.

Le citoyen Regard. — Jamais un fonctionnaire ne sera tracassé ouvertement pour ce motif ; on masquera toujours contre lui des prétextes à côté. Il faut qu'il ait un recours.

Le Congrès adopte, à l'unanimité, la motion de la deuxième Commission.

L'assemblée adopte ensuite une série de vœux en faveur des syndicats d'instituteurs, constitués conformément à la loi de 1884, de la laïcisation, de plus en plus complète, de l'enseignement à tous les degrés, de la suppression absolue des emblèmes religieux dans les établissements scolaires.

Les Programmes et Livres scolaires

Le citoyen Marjollet appelle l'attention du Congrès sur les programmes scolaires et les livres qui sont mis entre les mains des enfants des écoles publiques. Ces livres sont encore imbus des idées de guerre, de Dieu et de haine contre l'étranger. Ce n'est pas la faute aux instituteurs, mais aux commissions qui sont chargées du choix des livres.

A ce sujet, une controverse se produit.

Le citoyen Dupont, rapporteur. — Actuellement les livres sont faits par des membres de l'enseignement secondaire et supérieur et dans un esprit souvent contraire à celui de l'enseignement primaire, ces derniers sachant, mieux que personne, ce qu'il faut aux enfants à qui ils sont chargés de donner l'instruction.

Le citoyen Laurent Chat. — Je suis d'un avis nettement opposé aux conclusions de l'honorable rapporteur. Je me méfie de l'actuelle génération des instituteurs ; nous subissons encore l'héritage très lourd du passé et, dans le personnel enseignant, il y a des anciens fonctionnaires qui ne sont pas imbus des principes modernes.

Bien souvent, les livres classiques ne sont que des espèces de catéchismes. Si la libre-pensée existe vraiment, c'est à elle qu'il appartient de solliciter des philosophes de notre temps, des Buisson et autres gens de haute valeur intellectuelle, qu'ils tracent la Charte de notre parti et développent nos idées dans les livres qui seront remis à nos enfants.

Le citoyen Ph. Clausse. — Dès le début, les réflexions du citoyen Laurent Chat ont été faites par les membres de la deuxième Commission. Mais, quand des instituteurs nous ont signalé les turpitudes contenues dans les livres classiques, nous avons dit : « Vous seuls savez avec quelles absurdités on empoisonne les cerveaux de nos enfants, vous devez les dénoncer aux militants de la libre-pensée, les aider à y remédier en rédigeant vous-mêmes les livres de classe avec une Commission spéciale émanant de nos Congrès ».

Le citoyen Regard combat les conclusions de la Commission ; à son avis, beaucoup d'instituteurs ne sont pas libres-penseurs.

La citoyenne Boust. — Je demande aux libres-penseurs qu'ils prennent les livres de leurs enfants, qu'ils trouvent contraires à leurs idées, et qu'ils les portent à l'instituteur en lui disant : « Nous ne voulons pas de ce livre-là ». Dans ce cas, et dans ce cas seulement, l'instituteur aura de la force pour marcher ; que voulez-vous qu'il fasse quand, sur trois cents élèves, il n'y en a pas deux qui ne fassent leur première communion.

4

Finalement le Congrès, sur la proposition du citoyen Laurent Chat, à laquelle se rallie la deuxième Commission, émet le vœu que les manuels destinés aux enfants de nos écoles soient élaborés par des libres-penseurs et imprégnés d'un esprit vraiment laïque et républicain.

La deuxième Commission propose un vœu en faveur du monopole temporaire de l'enseignement par l'Etat.

Le citoyen Laurent Chat demande la suppression du mot « temporaire » qui pourrait laisser croire, dit-il, que les libres-penseurs ont des doutes sur les destinées futures de la République.

Le Congrès décide que le monopole de l'enseignement par l'Etat doit être établi d'une façon non point temporaire mais définitive.

Le citoyen Giguet, de Montélimar, fait prendre en considération un vœu tendant à faire adopter, à l'usage des écoles primaires un manuel d'enseignement exposant les origines des religions.

Le même délégué propose que tout instituteur soit obligé de faire des conférences sur des sujets de morale ou de philosophie un certain nombre de fois dans l'année.

A ce propos, les citoyens Marjollet, Lambert protestent contre la tendance que l'on a de vouloir surcharger l'instituteur de toutes sortes de tâches. Qu'on lui vote alors des subventions !

Le citoyen X ... — Je trouve que les instituteurs deviennent par trop encombrants ; ils ont des situations que beaucoup parmi nous envieraient.

Le Congrès émet le vœu que des conférences, en faveur de la propagande libre-penseuse, soient faites, dans chaque commune, au moins une fois par mois par des citoyens de bonne volonté.

La deuxième Commission propose la création, pour la région de l'Est, d'un Comité arbitral qui aura pour mission de régler tous les conflits pouvant s'élever, soit entre sociétés de libre-pensée, soit entre sociétés et fédération départementale, soit entre fédération départementale et fédération régionale, soit tout simplement entre membres de groupes et organisations de libre-pensée, quand bien même l'une des parties en cause ne serait pas fédérée, pourvu qu'elle reconnaisse la compétence du Comité arbitral. Ce dernier serait composé d'un délégué par fédération départementale. En cas de sentence à rendre, cinq arbitres seraient tirés au sort parmi les délégués, en laissant de côté celui du département où le conflit aurait éclaté.

Adopté à l'unanimité.

Le citoyen Revol, rapporteur de la Commission des vœux, présente les résolutions suivantes :

Tous les enterrements seront civils ; seuls seront enterrés religieusement ceux qui en auront exprimé la volonté formelle par un testament (Villeurbanne).

Ce serait le renversement de l'état de choses actuel et le retour à la logique. L'Etat ne reconnaissant aucun culte ne doit favoriser aucune pratique religieuse.

Adopté.

Suppression de l'inamovibilité de la magistrature (Villeurbanne).

C'est une responsabilité terrible à faire peser sur un homme faillible comme les autres que de lui donner pour toute son existence le pouvoir de juger ses semblables.

Adopté.

Revision de la formule du serment judiciaire (Lyon, 5e arrondissement).

Pourquoi nous faire juger devant Dieu que nous déclarons ne pas exister ?

Adopté.

Les Congrès devront avoir lieu dans toutes les villes de France à tour de rôle et n'y seront admis que les groupements purement libres-penseurs (Lyon, 3e arrondissement).

Ce roulement favoriserait la propagande.

Adopté.

Interdiction de tous les offices religieux dans les usines, ainsi que dans les établissements d'éducation soumis au contrôle de l'Etat (Roanne).

Adopté.

Suppression dans le calendrier des noms des saints qui seraient remplacés par des noms de grands hommes et de bienfaiteurs de l'humanité.

Adopté.

Tout employeur qui aura congédié un ouvrier en raison de ses opinions politiques ou religieuses sera puni par la loi (Lyon, 4e arrondissement).

(Adopté.

4*

Invitation aux municipalités, conseils généraux, parlement et gouvernement à accorder les moyens indispensables à la fondation de l'œuvre humanitaire des refuges pour les femmes enceintes, afin de soustraire ces malheureuses à l'influence de la congrégation ou à la déchéance morale (Lyon, 6ᵉ arrondissement).

Adopté.

A l'occasion de chaque enterrement civil, deux délégués appartenant à des sociétés de libre-pensée accompagneront le corps jusqu'au cimetière (Cours).

Cette proposition est adoptée, mais ne sera pas une obligation absolue pour les groupes, qui néanmoins feront leur possible pour s'y conformer.

En terminant ses travaux, le Congrès envoie aux révoltés russes, qui luttent avec tant d'énergie pour leur émancipation, l'expression de toute sa sympathie.

L'assemblée discute enfin sur le lieu du prochain Congrès de l'Est. Différents noms de villes sont proposées : Chalon, Dijon, Nancy, Grenoble, Saint-Claude, etc. Pour clore la discussion, on décide de le désigner par la voie du tirage au sort. Le prochain Congrès de l'Est aura lieu l'an prochain, le dimanche et le lundi de Pentecôte, à Grenoble.

La séance est levée à cinq heures aux cris de vive la pensée libre ! Le Congrès est clos.

RÉCEPTION A L'HOTEL DE VILLE

A cinq heures, les congressistes se forment en cortège, bannière déployée, et se rendent à l'Hôtel-de-Ville où, en l'absence de M. Herriot, qui n'est pas encore revenu de son voyage en Ecosse, ils sont reçus officiellement par M. le D' Beauvisage, adjoint, entouré de MM. Rivière, Bataille, Cusset, Godard, Chat, Jacquet, Manus, Richerand, Roustan, Novel, etc., conseillers municipaux.

Le citoyen Vaganay, secrétaire de la Commission d'organisation du Congrès, présente les congressistes en ces termes :

Monsieur l'Adjoint,

Messieurs les Conseillers municipaux,

Au nom de l'Union fédérale des Sociétés de libre-pensée du Rhône, organisatrice du Congrès qui a tenu hier et aujourd'hui ses assises au palais des Arts, mis gracieusement à notre disposition par la ville de Lyon, j'ai l'honneur de vous présenter ici les délégués des Sociétés de libre-pensée de toute la région de l'Est. Vous avez devant vous des citoyens venus des points les plus divers et les plus éloignés de cette vaste région uniquement pour apporter à ce Congrès le concours de leur esprit aussi indépendant qu'éclairé.

Pendant deux jours ils ont étudié, discuté les questions si graves et si complexes qui passionnent l'opinion publique et de la solution desquelles dépendent à la fois l'émancipation morale et intellectuelle de l'humanité et le bien-être matériel des travailleurs. Leur travail portera ses fruits et nous verrons le bon grain semé par eux germer en une magnifique moisson de réformes économiques et sociales, rendant toujours plus proche cet idéal de justice et de liberté vers lequel nous tendons tous.

Je suis heureux aussi que l'occasion nous soit donnée de vous remercier publiquement MM. les Membres du Conseil municipal, parmi lesquels nous comptons tant d'amis et même plusieurs congressistes, et nous n'aurons qu'un regret à exprimer, celui que nous cause l'absence de M. le maire Herriot, qui, en acceptant la présidence d'honneur du Congrès, a puissamment contribué à donner à cette manifestation sa haute portée intellectuelle et sociale.

Ces paroles sont couvertes d'applaudissements.

M. l'adjoint Beauvisage prononce alors le discours suivant :

Citoyens,

Le citoyen Herriot, maire de Lyon, votre président d'honneur, n'étant pas encore revenu du beau voyage en Angleterre et en Écosse, où la délégation municipale lyonnaise a reçu tant de précieux témoignages de la chaleureuse sympathie d'un peuple ami, c'est à moi qu'incombe l'agréable devoir de vous accueillir dans notre Hôtel de Ville, pour vous donner l'assurance du vif intérêt que porte à vos préoccupations et à vos travaux la municipalité radicale-socialiste, libre-penseuse et anticléricale de la ville de Lyon qui avait déjà manifesté ouvertement ses tendances à cet égard en envoyant des délégués aux Congrès internationaux de Rome et de Paris.

Vous avez profité, pour tenir votre Congrès de la libre-pensée, des jours de congé officiel, que nous voudrions voir motivés par l'épanonissement des splendeurs naturelles de Floréal et de Prairial, plutôt que de la survivance de la commémoration atavique d'une légende mystique et surranée.

Beaucoup de Lyonnais, de leur côté, en ont profité pour s'absenter de notre ville et aller se reposer de leurs travaux au sein de la belle nature en fleurs ; beaucoup de ceux qui étaient déjà partis en voyage n'ont pas eu le courage de revenir avant l'expiration de ce congé.

C'est pourquoi je regrette de ne pas avoir autour de moi un plus grand nombre de mes collègues du Conseil municipal réunis pour vous souhaiter la bienvenue et pour vous donner par leur présence le témoignage de leur attachement aux idées, aux sentiments et aux aspirations que représente le Congrès de la libre-pensée.

Vous appartenez, citoyens, à ces vaillantes phalanges des véritables champions du progrès et de la liberté auxquels des partis réactionnaires ont impudemment volé leurs drapeaux et leurs mots de ralliement en se parant cyniquement des titres de *libéraux* et de *progressistes* par lesquels ils essayent vainement de tromper les masses populaires, eux qui représentent en réalité l'esprit de tyranie théocratique, de conservation aristocratique et de domination capitaliste.

Que réclamez-vous, en effet, par tant de vœux émanés de vos nombreuses Sociétés?

Vous réclamez la liberté de tous ceux qui sont encore opprimés et persécutés par l'intolérance religieuse si profondément enracinée dans nos institutions et dans nos mœurs, que d'énergiques efforts sont encore nécessaires pour nous délivrer de tous ces liens du passé et qui nous étreignent encore.

Vous réclamez la liberté d'abord pour notre République française qu'une imparfaite loi de séparation laisse encore vassale de ce souverain étranger qu'on appelle le Pape, et de ses représentants les évêques, encore considérés comme Français, et dont on attend anxieusement le bon plaisir pour savoir si la loi française pourra être exécutée et si les associations cultuelles romaines pourront être constituées en France sous leur patronage et leur autorité; alors qu'on pourrait appliquer à ces prélats ennemis de la liberté et de la souveraineté populaire, l'article 17 du code civil qui dit que la qualité de Français se perdra par l'acceptation non autorisée par le gouvernement de fonctions publiques conférés par un gouvernement étranger.

Vous réclamez la liberté pour l'avenir de l'enfant, de l'impuissance duquel on abuse dès sa naissance, pour l'enregistrement de force par le baptême sous le couvert d'une religion qui n'a d'autre but que de l'asservir, de l'empêcher de devenir un homme libre.

Vous réclamez la liberté de l'avenir pour l'enfant en voulant lui assurer au contraire l'éducation intégrale qui, sans chercher à lui imposer une doctrine dans le domaine de l'inaccessible et de l'inconnaissable, se propose d'exercer et de développer toutes ses aptitudes naturelles, physiques, intellectuelles et morales, de lui apprendre à étudier lui-même toutes choses et de ne pas abandonner à la foi en des dogmes incompréhensibles, de lui inspirer le désir et le goût de la libre recherche, d'armer son corps, de la vérité, de la justice, et sa raison pour en faire un homme libre, un digne citoyen d'une démocratie comme celle que nous rêvons.

Vous protestez contre ces soi-disant libertés qu'on appelle la liberté du père de famille (liberté de tyranniser et d'emprisonner son enfant) et la liberté de l'enseignement qui n'est que la liberté laissée à l'Église d'atrophier les intelligences enfantines pour se préparer dans l'avenir des esclaves soumis et résignés.

Vous réclamez la liberté pour les enfants assistés que l'administration assujettit encore trop souvent aux pratiques religieuses contraires à l'éducation libre qu'elle a le devoir de leur assurer.

Vous réclamez la liberté pour les malades de n'être pas torturés sur leur lit de souffrances par les tentations, les exigences et les menaces des aumôniers et des religieuses que leur imposent encore tant d'administrations hospitalières.

Vous réclamez la liberté de conscience pour les soldats, trop souvent victimes de l'intolérance religieuse de leurs chefs.

Vous réclamez la liberté pour les témoins en justice encore soumis, malgré le régime républicain, à un serment judiciaire religieux.

Vous réclamez la liberté de la pensée pour tous les travailleurs, ouvriers, employés et commerçants, que des patrons ou des clients fanatiques obligent à des pratiques religieuses contraires à leurs convictions, en les menaçant de les réduire à la misère par la perte de l'emploi ou de la clientèle nécessaire à leur existence.

Vous réclamez pour tous, contre cette oppression capitaliste, la liberté de se marier civilement, sans passer par une église ; la liberté de ne pas subir eux-mêmes ou faire subir à leurs enfants des sacrements auxquels ils ne croient pas, la liberté d'être conduits à leur dernière demeure sans l'assistance de ces prêtres dont ils repoussent les doctrines et qu'ils ont souvent combattu pendant leur vie.

Oui certes, il ne faut pas craindre de le redire sans cesse, pour ne pas laisser s'accréditer les théories des soi-disant libéraux, les libres-penseurs sont encore aujourd'hui les véritables opprimés, et ils ne réclament que la liberté, que la délivrance du joug de leurs oppresseurs capitalistes, complices de la caste ecclésiastique qui n'a d'autre but que la domination universelle.

Cette oppression pèse sur nous tous, non seulement par les abus de pouvoirs de tant d'hommes qui tiennent dans leurs mains des moyens variés d'attenter à l'indépendance des autres ; elle pèse aussi sur nous du poids des vieilles habitudes et des routines ancestrales, si profondément entrées dans nos mœurs que bien des gens, réellement libérés des dogmes religieux, se croient encore obligés, sans que personne les y force, de se conformer aux anciennes pratiques et aux traditions héréditaires.

Vous luttez ardemment pour faire honte à ces timides de leur pusillanimité, et pour inspirer aux jeunes générations le courage civique qui repousse toutes hypocrisies et ces capitulations de conscience.

C'est sur les jeunes que nous comptons pour assurer enfin dans l'avenir le triomphe de nos idées émancipatrices ; c'est eux qui fonderont de plus en plus des familles libre-penseuses, et si les jeunes filles sont encore en trop grand nombre retenues sous la domination de l'Église, que nos jeunes gens ne faillissent pas devant l'exigence d'un mariage religieux qu'elles voudraient leur imposer! Qu'ils organisent en face d'elles la *grève des fiancés* et posent comme condition première de l'union projetée le caractère purement civil qu'ils entendent donner à cette union. Beaucoup de résistances faibliront assurément devant l'énergique résolution qu'ils sauront affirmer et maintenir jusqu'au bout.

Je termine, citoyens, en vous remerciant, au nom de la municipalité lyonnaise, de n'avoir pas voulu vous séparer sans venir lui présenter l'expression de vos cordiales sympathies. Elle est de cœur avec moi pour vous féliciter de vos efforts dans la lutte contre les servitudes du passé, pour l'émancipation de l'esprit humain, pour la vérité, pour la justice et pour la liberté.

(Tonnerre d'applaudissements).

LE VIN D'HONNEUR

Après ce magnifique discours, les congressistes défilent devant le Conseil municipal ; puis, le cortège se reformant quitte l'Hôtel de Ville pour se rendre au vin d'honneur offert par l'Union fédérale des Sociétés de libre-pensée du Rhône, salle des Variétés, avenue des Ponts.

La plupart des délégués sont présents.

Le *citoyen Treuillot, secrétaire de l'Union fédérale*, prononce les paroles suivantes :

Camarades,

Au nom de la Commission d'organisation du Congrès, merci à vous tous qui êtes venus nous apporter votre concours, merci au maire de Lyon qui a bien voulu nous prêter la haute autorité de son nom comme président d'honneur, ainsi qu'à la municipalité lyonnaise si bienveillante pour nous, merci à la presse républicaine régionale si dévouée, et plus particulièrement au *Lyon Républicain*, au *Progrès* et à *l'Agence Havas*, merci à tous les camarades qui ont collaboré à l'organisation et au succès de cette grandiose manifestation. Chacun emportera de ce Congrès un souvenir ineffaçable et continuera à travailler à l'œuvre que nous avons entreprise pour l'humanité, pour le progrès.

(Applaudissements unanimes).

Puis un concert est improvisé, auquel prennent part d'excellents chanteurs ; et cette fête, toute de solidarité et de concorde, se termine au milieu de la cordialité la plus franche et la plus fraternelle.

A l'an prochain, à Grenoble !

Vive la Libre-Pensée !

LE CONGRÈS DE GRENOBLE
1907

Se conformant aux décisions prises dans les intéressants débats qui précèdent, la Fédération départementale de Libre-pensée de l'Isère a tenu un important Congrès à Grenoble, salle de l'Eldorado.

J'eus l'honneur, délégué par l'Union des Sociétés de Libre-pensée du Rhône, d'y assister en son nom. Les questions de : Rapports de la Libre-pensée avec l'organisation capitaliste, Séparation des Eglises et de l'Etat et Encyclique ; Monopole de l'enseignement ; fermeture des écoles congréganistes, etc., y ont été discutées avec une réelle compétence.

C'est une indication que de tels hommes — qui, en peu de jours, ont pu faire revivre une Fédération anémiée par la nonchalance et l'indifférence, presque écrasée — sauront organiser le Congrès de septembre prochain.

Aux camarades des autres départements à organiser leurs Fédérations départementales.

Il faut que les délégués soient légion à Grenoble, l'an prochain.

Lyon. — Association typographique, rue de la Barre, 12, F. PLAN, directeur.